TAROT GUIDE
タロットガイド

直観力を磨いて
自分の言葉でリーディングする

Stefanie Caponi

日本文芸社

Introduction

タロットで直観を育み、自己発見の旅へ

　私が初めて自分用のタロットデッキを買ったのは、まだ10代の頃でした。手に入れたのは、ライダー・ウェイト＝スミス版と呼ばれるデッキです。それが地元の書店の「精神世界」コーナーに置いてある唯一のタロットデッキでした。

　身近にタロットを読む人はいなかったのですが、なぜかタロットには惹かれるものがありました。しばらく前から書店のタロットデッキに目をつけていた私は、ベビーシッターのアルバイト代を貯めると、さっそく自分用のデッキを手に入れました。でも、まだインターネットのない時代です。私の周囲には、この謎だらけのカードについて教えてくれる人は一人もいませんでした。

　当時の私は、ベッドルームの床にカードを広げては美しい図柄に見入ったり、付属の小さくて不思議な解説書を読みふけったりしていました。

　それから20年後、キャリアも結婚もうまくいかず、感情面でも創造力の面でも閉塞感に陥っている自分に気づきました。頭の中ではさまざまな疑問が渦巻いていました。

「どうしてこんなにも長い間、自分の願望とズレた生き方をしてきたのだろう?」
「直観の導きを得て正しい道へ戻るにはどうすればいいのだろう…?」

私がタロットに立ち返り、タロットとの関係をもう一度築き始めたのは、まさにその重大な人生の局面でした。結婚に終止符を打った後、スリーカードスプレッドを試してみると、まるで78枚のカードの中からその3枚が、こちらめがけて飛んでくるかのようでした。

　私が引いたのは〈死神〉〈ソードの9〉、そして驚くことに〈魔術師〉の3枚でした。この〈魔術師〉のインスピレーションのおかげで、私は直観という内なる導きの力を育て、自己発見のすばらしい旅へと乗り出すことになりました。

タロットは本当の自分と出会うヒントになる

　初めてデッキを手にした日から二十数年。タロットは私に、どうすれば自分のハイヤーセルフ（より高い次元の自分、真の自己）を敬い、自分だけのユニークな才能を祝福できるかを教えてくれたのです。

　以来、タロットとの旅が私の人生の中心になりました。本格的にタロットを学び始めた私は、やがてタロットを教えるようになり、さらには、自分のタロットデッキ『The Moon Void Tarot』と付属のガイドブックを誕生させるまでになりました。

　私と同じように人生の重大な転機を迎えている人たちが、神聖な力と調和し、新たな現実を創造できるように役立ててほしかったからです。

私は、誰もが心の奥深くにハイヤーソース（高次元の源、魂）からの贈り物を携えていると信じています。

　そして、誰もがその贈り物の鍵を開ける力をもっているのです。

　タロットはそんな贈り物の発見を助け、人生に劇的な変化をもたらしてくれるツールです。タロットリーディング（タロット占い）を実践することで、あなたは自分のハイヤーセルフ、あるいは、ハイヤーソース――それを神聖なる存在、もしくは神と呼ぶか、宇宙と呼ぶか、はたまた、別のものと呼ぶかは、あなたにおまかせしますが――とつながれるようになるでしょう。

　タロットは宗教ではなくスピリチュアル（霊的・精神的）なものであり、助けを求めれば、誰でも導きを得ることができるのです。

ハートの声に耳を傾けて、直観を信じよう

　本書の目的は、読者がタロットをスムーズかつ楽にリーディングできるようにお手伝いすることにあります。私自身がタロットリーディングの旅に乗り出したとき、こういう本がほしかったくらいです！

　学び始めた頃は、カードが全部で 78 枚もあるかと思うと気が遠くなりそうでした。本書が他のビギナー向けのガイドブックと違うのは、直観力を育て、タロットとの関係を築くためのエクササイズが用意されている点です。ジムで筋トレをするように、日常的にタロットを読んでいると直観力を鍛えることができるのです。

　この本は幅広い人気を誇るライダー版――先述のとおり私が最初に手に入れたデッキ――をベースにしていますが、お好きなデッキを使ってく

ださってかまいません。

　本書でそれぞれのカードの普遍的な意味を学びながら、それらの意味を丸暗記するより、直観を頼りにあなた独自の意味を見つけてください。

　また、日記をつけることをお勧めします。エクササイズやこの本から得た直観的なメッセージを記録しておきましょう。

　タロットリーディングは、読み手がカードの伝統的な意味を理解し、自分のハートの声に耳を傾け、その声（直観）を信頼することで成立します。これらの要素がバランスよく組み合わさったとき、タロットはあなただけに特別なアイデアや洞察を明かしてくれるのです。

　私は、本書で自分の知識をあなたと共有し、あなたのタロットの旅の案内役を務められることをうれしく思っています。

　どうか、時間をかけて読んでください。じっくりエクササイズに取り組んでください。そして、カードを眺めたり、手にとったりする時間も設けてください。

　読み進めるうちに、驚くほどカードの意味がつかめるようになり、自己理解も深まるはずです。そのうち、自分にも友だちに対しても自信をもって占えるようになります。

　さあ、デッキを手にして旅を始めましょう！

Stefanie Caponi

Contents

Introduction タロットで直観を育み、自己発見の旅へ ･････････････････････ 2

CHAPTER 1 タロットを理解する

タロットの働きとは？ ･･ 10
カードに描かれていること ･･････････････････････････････････････ 12
Exercise1 タロットとの関係づくり ･･･････････････････････････ 14
タロットデッキを選ぶ ･･･ 16
デッキを浄化する ･･ 18
Exercise2 デッキにインタビューする ･････････････････････････ 20
カードと直観力 ･･･ 22

CHAPTER 2 タロットを読む

タロットの読み手としての役割 ･･････････････････････････････････ 24
リーディングのステップ ･･･････････････････････････････････････ 26
解釈の方法 ･･･ 34
　1. ナラティブ・リーディング ････････････････････････････････ 35
　2. 逆位置の解釈 ･･･ 36
　3. コートカードの解釈 ･････････････････････････････････････ 38
　4. 数秘術を活用する ･･･････････････････････････････････････ 39
Exercise3 簡単なリーディングを日課にする ･･････････････････ 40
Exercise4 フォーカスリーディングをやってみる ･･･････････････ 42
Exercise5 どう見える？ ･････････････････････････････････････ 44

CHAPTER 3 タロットスプレッド

スプレッド 1 解放と保持 「物、人、思考」を手放すかもち続けるかを問う ･･･････ 46
スプレッド 2 強みと妨げ あなたのなかに眠る才能を問う ･･････････････ 48
スプレッド 3 宇宙からのアドバイス 自分の枠を超えた視点を得る ･････････････ 50

スプレッド 4	過去、現在、未来　時間の流れからテーマを読み解く・・・・・・・・・・・・・ 52
スプレッド 5	マインド、ボディ、スピリット　3つのチャンネルと調和して自分を高める ・・・・・ 54
スプレッド 6	現在の人間関係　あらゆる人間関係を読み解く・・・・・・・・・・・・・・・・・ 56
スプレッド 7	潜在的人間関係　まだ見ぬパートナーと出会うヒントを導く ・・・・・・・・・・ 58
スプレッド 8	引き寄せの法則　願いを叶えるために必要なことを導く・・・・・・・・・・・・ 60
スプレッド 9	決断を下す　一歩を踏み出したいときに最適・・・・・・・・・・・・・・・・ 62
スプレッド 10	ケルト十字　時間軸を超えた俯瞰的な視野を得る ・・・・・・・・・・・・・・ 64

オリジナルのスプレッドをつくろう・・・・・・・・・・・・・・・・・・・・・・・・・・・ 66

CHAPTER 4 大アルカナ

0	愚者・・・・・・・・・・・68	12	吊るされた男・・・・・・92
1	魔術師・・・・・・・・・70	13	死神・・・・・・・・・・94
2	女教皇・・・・・・・・・72	14	節制・・・・・・・・・・96
3	女帝・・・・・・・・・・74	15	悪魔・・・・・・・・・・98
4	皇帝・・・・・・・・・・76	16	塔・・・・・・・・・・・100
5	司祭・・・・・・・・・・78	17	星・・・・・・・・・・・102
6	恋人たち・・・・・・・・80	18	月・・・・・・・・・・・104
7	戦車・・・・・・・・・・82	19	太陽・・・・・・・・・106
8	力・・・・・・・・・・・84	20	審判・・・・・・・・・108
9	隠者・・・・・・・・・・86	21	世界・・・・・・・・・110
10	運命の輪・・・・・・・・88		
11	正義・・・・・・・・・・90	Column1 タロットの歴史を手短に ・・・112

CHAPTER 5 小アルカナ「カップ」

カップのエース・・・・・・・・・・114	カップの9・・・・・・・・・・・130
カップの2・・・・・・・・・・・116	カップの10 ・・・・・・・・・132
カップの3・・・・・・・・・・・118	カップのペイジ・・・・・・・・134
カップの4・・・・・・・・・・・120	カップのナイト・・・・・・・・136
カップの5・・・・・・・・・・・122	カップのクイーン・・・・・・・・138
カップの6・・・・・・・・・・・124	カップのキング・・・・・・・・140
カップの7・・・・・・・・・・・126	
カップの8・・・・・・・・・・・128	Column2 自分でデッキをデザインする・・・142

CHAPTER 6 小アルカナ「ペンタクル」

ペンタクルのエース ・・・・・・・・・・・・・ 144
ペンタクルの2 ・・・・・・・・・・・・・・・・・ 146
ペンタクルの3 ・・・・・・・・・・・・・・・・・ 148
ペンタクルの4 ・・・・・・・・・・・・・・・・・ 150
ペンタクルの5 ・・・・・・・・・・・・・・・・・ 152
ペンタクルの6 ・・・・・・・・・・・・・・・・・ 154
ペンタクルの7 ・・・・・・・・・・・・・・・・・ 156
ペンタクルの8 ・・・・・・・・・・・・・・・・・ 158

ペンタクルの9 ・・・・・・・・・・・・・・・・・ 160
ペンタクルの10 ・・・・・・・・・・・・・・・・ 162
ペンタクルのペイジ ・・・・・・・・・・・・・ 164
ペンタクルのナイト ・・・・・・・・・・・・・ 166
ペンタクルのクイーン ・・・・・・・・・・・・ 168
ペンタクルのキング ・・・・・・・・・・・・・ 170

Column3 よくある質問 Q.1、Q.2 ・・・ 172

CHAPTER 7 小アルカナ「ソード」

ソードのエース ・・・・・・・・・・・・・・・・・ 174
ソードの2 ・・・・・・・・・・・・・・・・・・・・ 176
ソードの3 ・・・・・・・・・・・・・・・・・・・・ 178
ソードの4 ・・・・・・・・・・・・・・・・・・・・ 180
ソードの5 ・・・・・・・・・・・・・・・・・・・・ 182
ソードの6 ・・・・・・・・・・・・・・・・・・・・ 184
ソードの7 ・・・・・・・・・・・・・・・・・・・・ 186
ソードの8 ・・・・・・・・・・・・・・・・・・・・ 188

ソードの9 ・・・・・・・・・・・・・・・・・・・・ 190
ソードの10 ・・・・・・・・・・・・・・・・・・・ 192
ソードのペイジ ・・・・・・・・・・・・・・・・・ 194
ソードのナイト ・・・・・・・・・・・・・・・・・ 196
ソードのクイーン ・・・・・・・・・・・・・・・ 198
ソードのキング ・・・・・・・・・・・・・・・・・ 200

Column4 よくある質問 Q.3、Q.4 ・・・ 202

CHAPTER 8 小アルカナ「ワンド」

ワンドのエース ・・・・・・・・・・・・・・・・・ 204
ワンドの2 ・・・・・・・・・・・・・・・・・・・・ 206
ワンドの3 ・・・・・・・・・・・・・・・・・・・・ 208
ワンドの4 ・・・・・・・・・・・・・・・・・・・・ 210
ワンドの5 ・・・・・・・・・・・・・・・・・・・・ 212
ワンドの6 ・・・・・・・・・・・・・・・・・・・・ 214
ワンドの7 ・・・・・・・・・・・・・・・・・・・・ 216
ワンドの8 ・・・・・・・・・・・・・・・・・・・・ 218

ワンドの9 ・・・・・・・・・・・・・・・・・・・・ 220
ワンドの10 ・・・・・・・・・・・・・・・・・・・ 222
ワンドのペイジ ・・・・・・・・・・・・・・・・・ 224
ワンドのナイト ・・・・・・・・・・・・・・・・・ 226
ワンドのクイーン ・・・・・・・・・・・・・・・ 228
ワンドのキング ・・・・・・・・・・・・・・・・・ 230

Column5 よくある質問 Q.5 ・・・・・・・ 232

キーワード早見表 ・・・・・・・・・・・・・・・ 233

CHAPTER 1

Understanding Tarot

タロットを理解する

　いよいよタロットの旅の始まりです！　きっとあなたは胸を躍らせていることでしょう。全宇宙と交信できる言語を学ぼうとしているのですから。でも、デッキをシャッフルしてカードを引く前に、タロットの基本を押さえておきましょう。

　この章では、デッキの構成、デッキがもつエネルギーの浄化・調整方法などの基本知識に加えて、どうすれば責任をもってタロットを扱えるか、なぜタロットが人生において有意義なのか、といった重要な問いも取り上げていきます。

タロットの働きとは？

　タロットは、単なるイラスト入りのトランプカードではありません。
　きちんとした意図をもって扱われたとき、タロットはメッセージの媒体になってくれます。使う人のエネルギーと融合することで、タロットそのものが個人的な意味合いを帯びてくる、つまり、自己発見を促し、スピリチュアルな知識を深めるための重要なツールにもなるのです。
　タロットは高次の存在（神、宇宙、ハイヤーセルフ、スピリットガイドなど／以下、本書では適宜「高次」と表現しています）とあなたをつなげるコミュニケーションデバイスだと思ってください。しかも、このデバイスなら、時を選ばず、いつでもつながれるのです！
　私は、タロットという安全なサポートシステムのおかげで、過去を見つめ直し、人生の夢を実現することができました。
　また、自分の内的・外的ニーズを確認するうえでも、タロットに助けられてきました。ほんとうの自分とのつながりを強くすることで、より有意義な人間関係とチャンスを引き寄せられるようになったのです。

直観に確証を与えてくれるもの

　タロットは、未来はこうなる、と決めつけるものではありません。むしろ、あなたの直観を後押しするような確証を与えてくれるものです。その確証を得ることで、あなたは自分自身の真理と魂の目的（この世に生まれてきた目的）にかなったやり方で人生の歩みを進めることができるようになります。責任をもってタロットリーディングを実践するためには、生産的な質問を投げかけなければなりません。

　そして、タロットから受け取ったメッセージを直観的に解釈し、問題の状況を取り巻くエネルギーにも意識を向ける必要があります。それでこそ、自分のためのリーディングであれ、誰かのためのリーディングであれ、エネルギー的に調和のとれた行動につながる決断ができるようになるのです。

オープンな心でメッセージを受け取ろう

　時には納得できない答えが出る場合もあるでしょう。でもそれは、「好ましい結果を得たければ、ここに注目しなさい」というタロットからのメッセージかもしれないのです。だからできるだけ柔軟でオープンな姿勢で臨みましょう。人生の疑問は黒か白かで答えられないものばかり。タロットに単純なイエスかノーの答えを期待しないでください。むしろ、自分の直観を頼りにすること、それがタロットリーディングでの最大の強みになります。

　カードを見たときに感じたもの、頭に浮かんできたものに注意を向け、その自然な反応をもとに、自分が正しい方向に向かっているか、それとも軌道修正が必要かを見きわめてください。

カードに描かれていること

　たいていのタロットデッキは、大アルカナと呼ばれる22枚のカード（別名、切り札）と、小アルカナと呼ばれる56枚のカードの計78枚で構成されます。
　「アルカナ」は「秘密」を意味するラテン語のarcanusを語源とし、選ばれた少数の人だけがもつ神秘的な、または、特別な知識を指します。お察しのとおり、大アルカナは小アルカナより重要な意味をもっています。
　現代的なデッキには、作者考案のオリジナルカードを追加したものもありますが、本書では、大アルカナと小アルカナで構成される典型的な78枚のデッキを扱います。
　ライダー版のデッキは、その時代の性役割意識に従ってつくられました。したがって、この本の解説でも、1909年当時に描かれた人物像をもとに「彼／彼女」という代名詞を使っています。ただし、それらの表現は現代社会の性自認の流動性を反映してはいません。

大アルカナとは？

　22枚の大アルカナは人生の重要な出来事を表します。0番から21番までのカードがあなたを旅に連れ出し、個人と集団の内面的・外面的なエネルギーについて教えてくれるでしょう。

小アルカナとは？

56枚の小アルカナは日常生活に影響を与えるエネルギーを表します。その影響力は大アルカナに比べれば弱いかもしれませんが、人生を織りなす糸として、私たちの意思決定や自己理解を助けています。カップ（杯）、ワンド（杖・棍棒）、ソード（剣）、ペンタクル（金貨）という4つのエレメント（万物を構成するとされる四大元素、火・地・風・水）のスート（組札）からなり、それぞれのスートには番号が振られた10枚の数札（エースから10まで）があります。

コートカードが示すものとは？

小アルカナにはトランプに似た4枚のコートカード（ペイジ／小姓、ナイト／騎士、クイーン／女王、キング／王から成る宮廷札）も含まれています。コートカードは、各スートのエネルギーが数札よりさらに上のレベルへ進んだことを表しています。つまり、そのエレメントの熟達者（マスター）と見なされ、数札よりもパワフルです。

ペイジ、ナイト、クイーン、キングはそれぞれエースから10までの数札に象徴される教訓をすでに学び終え、知恵と経験値を備えています。彼らは一定の成熟度に達し、固有の才能をもっているため、数札よりもその意味に重みがあります。各カードのページでは、コートカードに備わっている二重のエレメントについてもお話しします。コートカードが表すのは特定の人物だったり、あなた自身の一面だったり、あるいは、特定の状況を取り巻くエネルギーだったりします。

エクササイズ 1

Your Relationship with the Tarot

タロットとの関係づくり

　タロットリーディングを始めた当時、私の人生は疑問だらけでした。でも、その疑問の答えを求めるうちに、タロットとの関係は深まっていきました。つらく厳しい答えを突きつけられながら、それが自分の支えになると気づいたときには驚いたものです。私は自己理解という意味で確実に前進していました。

　疑問を投げかけ、答えを出しながら、より深いレベルにある自分自身に触れ、スピリチュアリティ（霊性）を育んでいると、やがて自己否定に代わって好奇心が芽生え、古い傷は癒され、不安は愛に変容し、人生は花開きました。あなたとタロットの関係も、そんなふうに深遠で有意義なものへ発展する可能性を秘めているのです。

自分への問いを書きとめておこう

　タロットの旅を始めるにあたって、今、考えていることを日記、もしくは本書に書き込んでおいてください。あなたはどのような意図でタロットリーディングを始めるのでしょうか？

**以下の質問を参考にしながら思いついたことを
自由に書いてください。正解も不正解もありません。**

1　Q。私はタロットから何を得たいのだろう？
（　　　　　　　　　　　　　　　　　　　　　　　　　　）

2　Q。タロットを使うことで、人生のどんな領域を改善したいのだろう？
（　　　　　　　　　　　　　　　　　　　　　　　　　　）

3　Q。タロットの助けを借りて、どんな問題や難題を解決したいのだろう？
（　　　　　　　　　　　　　　　　　　　　　　　　　　）

4　Q。今の私は自分の直観のことをどう思っているだろう？
（　　　　　　　　　　　　　　　　　　　　　　　　　　）

5　Q。今の自分にとってスピリチュアリティとは何だろう？
（　　　　　　　　　　　　　　　　　　　　　　　　　　）

　ある程度の期間にわたって日記を書いていると、自分の意図が以前よりもはっきり見えてきます。これからも時折、同じ問いを自分に投げかけてください。その際には、タロットカードから受け取ったメッセージを記録しておきましょう。

　こうしたやり方を繰り返していると、タロットリーディングで得られる答えも進化していきます。その進化の様子を内面的な成長の記録として残しておきましょう。

タロットデッキを選ぶ

　本書でライダー版デッキを扱っているからといって、あなたも同じデッキを使わなければならないわけではありません（ライダー版は包摂的なデッキではありません。そこに描かれているのは、自身が認識している心の性と生まれつきの身体の性が一致しているシスジェンダーの白人ばかりですから）。

　デッキ選びは非常に個人的な選択です。あなた自身の好みを反映したデッキを選びましょう。タロットデッキはアートワークから内容まで千差万別なのです。たとえば、多くの人物が描かれたデッキもあれば、まったく人物が出てこないデッキもあります。カードの最初から最後まで同じ1人の人物が登場するデッキもあります。

Check！あなたにとってしっくりくるアートワークは？

カラーとモノクロのどちらが好みでしょうか？

（　　　　　　　　　　　　　　　　　　　　　　　　　　　）

複雑で詳細な描写に惹かれますか？ それとも、
すっきりしたシンプルな描写に惹かれますか？

（　　　　　　　　　　　　　　　　　　　　　　　　　　　）

伝統的でクラシックなスタイル？　かなり現代的なスタイル？

（　　　　　　　　　　　　　　　　　　　　　　　　　　　）

　どうか、あなたをわくわくさせてくれるアートワークを選んでください。そして、そのアートワークが自分の経験を代弁してくれていると感じられることが重要です。これから長い時間をともに過ごすことになるのですから、友だちか自分の分身のように感じられるデッキを選びましょう。

デッキは誰かにもらった方がいい？

　自分でタロットデッキを購入すると不運に見舞われるとか、デッキは誰かからプレゼントされるべきものだ、と言う人もいますが、そんなものは迷信です。気にしないでください。自分でデッキを買ったからといって不幸になりはしません。
　自分でデッキを選び、自分で手に入れて、積極的な一歩を踏み出しましょう。天からあなたの手元にデッキが転がり落ちてくるのを待つ必要はありません。

デッキを浄化する

　デッキの浄化の儀式は重要なステップです。使い始める前に浄化することで、デッキに付着している余分なエネルギーを落とすことができます。そして、あなたのエネルギーとデッキのエネルギーが溶けあって強い絆を結べるように、波動（万物が放っている振動のこと）が調整されるのです。デッキを購入したらすぐに浄化してください。また、リーディングの前と後の浄化を習慣づけるといいでしょう。

　浄化にはいくつかの方法があります。あなたにとってしっくりくるものを選んでください。実際に試した浄化のステップとそのプロセスで感じたことを日記に記録しておきましょう。

水晶による浄化

　水晶はデッキから不必要なエネルギーを効果的に除去してくれます。リーディングの前後にデッキの上に置くだけなので簡単です。水晶を載せたままデッキを保管してもいいし、使用の前後に数分だけ載せてもいいでしょう。同じくブラックトルマリンにもネガティブなエネルギーを浄化する力があります。そして、使用した水晶そのものの定期的な浄化もお忘れなく！　塩の入ったボウルに入れておくか、毎月、新月か満月の夜に月のエネルギーを浴びさせましょう。

お香による浄化

マグワート（オウシュウヨモギ）やパロサント（聖なる木）のお香を焚きます。エシカルに調達された（人権や環境に配慮して生産・製造された）商品を選びましょう。お香から立ち上る煙にデッキをくぐらせます。数回だけ往復させてもいいし、付着したエネルギーが落ちたと感じられるまで続けてもかまいません。購入直後だけでなく、リーディングの前後に行ってもいいでしょう。

月光浴

毎月、定期的に窓際か屋外にデッキを置いて月の光を浴びさせるというパワフルな方法です。デッキのエネルギーを回復させ、浄化することができます。満月か新月のときに行いましょう。一晩中でも2、3時間でもかまいません。月のエネルギーは強力ですから、そのエネルギーとつながる「まさに今だ！」と感じられるタイミングを選んでください。

呼吸の力

呼吸には力があることをお忘れなく！あなたの息もデッキの浄化に役立ちます。リーディングの前後にお腹に深く息を吸い込み、デッキに吹きかけてください。これを2、3回繰り返しましょう。デッキのエネルギーが浄化されます。

ノックする

拳でデッキの上から軽く2回ノックすると、その振動と音があなたのエネルギーの周波数と同調し、デッキが浄化されます。

Interviewing Your Deck
デッキにインタビューする

　浄化が終わったら、デッキにインタビューしましょう。このエクササイズでは1枚1枚のカードを知ることでデッキとの絆を深めることができます。
　まずは以下の手順に沿って、デッキに5つの質問をしていきます。その都度カードを引いて、答えを得ます。カードを見て、あなたがどう思うかを大切にしてください。その後、願望を宣言して、あなたの意図を明確にします。

手順

1. デッキとあなたのエネルギーを同調させるためにシャッフルします（詳しいシャッフル方法はP.28）。

2. すべてのカードを目の前に広げるか、1枚ずつめくりながら、イメージをとり込んでいきます。眺めているうちに自然に目に飛び込んできたカードがあれば、それを覚えておきましょう。

3. デッキに右ページの質問を投げかけながらカードを引きます。出たカードがそれぞれの質問の答えです。カードを見た瞬間に頭に浮かんできたことを、日記や右欄に少し時間をかけて記録しておきましょう。

以下の質問を参考にしながらデッキにインタビューしましょう。思いついたことを自由に書いてください。

1 Q。あなた（デッキ）と私はどんなワークに取り組もうとしていますか？

（引いたカード… ）（思いついたこと… ）

2 Q。私自身の何についてあなたは教えようとしているのですか？

（引いたカード… ）（思いついたこと… ）

3 Q。世界の何についてあなたは教えようとしているのですか？

（引いたカード… ）（思いついたこと… ）

4 Q。どのカードがあなたというデッキの特徴を最もよく表していますか？

（引いたカード… ）（思いついたこと… ）

5 Q。どのカードが今の私を最もよく表していますか？

（引いたカード… ）（思いついたこと… ）

　引いたカードと質問に対する答えをもとに、タロットリーディングを実践しようというあなたの意図を明確にしてください。

　意図とは、「私は〇〇です」「私は〇〇を有しています」というポジティブな表現で自分の願望を宣言することです。たとえば、「私は自分の直観力と深くつながっています」「私は自分の内なる知恵に対して無限のアクセスを有しています」など、あたかも望みのものをすでに手に入れたかのように言い切ります。その意図を日記などに書き込み、時折振り返ってください。意図が実現したときに気づきやすくなるはずです。

カードと直観力

　タロットというすぐれたツールを使えば、自分の内面で生じる2つの反応を区別できるようになります。それは、一方は直観であり、もう一方はエゴです。
　直観とは、第六感や身体的に感じられる内なる知恵の感覚（理屈では説明できないがなぜだか分かるという感覚）ですが、それに対してエゴは、自分の安定を優先しようとする思考や衝動から成り、「これがほんとうの自分だ」と思い込んでいる意識がつくり出しています。人の内面で生じるこれらの2つの反応は、時としてぶつかり合います。安全地帯にとどまろうとするエゴの試みが直観を圧倒することがあるのです。
　エゴは安全と具体的な答えを求めますから、タロットの各カードの意味を丸暗記することは、エゴのニーズにかなっています。もちろんカードの伝統的な意味を知り、活用することにも価値はありますが、タロットリーディングとは直観力を育てる安心安全な方法でもあるのです。しかも、直観的なリーディングのほうが、丸暗記よりも多くを明かしてくれることがよくあります。
　あなたもこの本のエクササイズで直観力を強化し、エゴの力を緩めさせ、内なる知恵を輝かせてください。直観的な解釈のエクササイズを重ねれば重ねるほど、直観力は養われます。やがて、カードの既定の意味と、個々のリーディングセッションで浮かび上がってくる直観的な意味とのバランスをとりながら解釈できるようになります。

CHAPTER

2

How to Do a Reading

タロットを読む

　ビギナーだからといって、ためらう必要はありません。
タロットリーディングは誰でもできます！　むしろ、リーディ
ングを始めるという行為自体がタロットデッキの象徴性
と深くかかわっているのです。

　デッキ全体、すべてのカードが１つの旅の物語であり、
その旅の始まりを飾るのが＜愚者＞のカードです。不安
と自己批判を乗り越え、未知の世界へと足を踏み入れる
愚者のように、あなたもタロットリーディングの世界に飛
び込んでください。

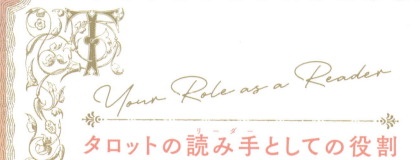

タロットの読み手(リーダー)としての役割

　自分のためのリーディングでは、高い視点から状況を眺めると同時に、湧き上がってくる感情にどっぷり浸ることになります。強い感情にとらわれているとき、カードを引いて、そのエネルギーと向き合ってみてください。
　たとえば、こんなふうに自問するといいでしょう。
「今、私は何に対して動揺しているのだろう？」
「どうすれば心を落ち着かせられるだろう？」
　自分の感情に混乱したり、圧倒されたりしたら、意識を呼吸に戻して心をクリアにしましょう。2、3回深呼吸して、身体を出入りする呼吸の音に耳を澄ましてください。すると、明確で有用な答えを受け取れるようになります。

誰かのためにリーディングをする場合

　自分自身の個人的な感情は挟まない、と心に決めてください。そうすることで、質問者（あなたがリーディングをしている相手）に代わってメッセージを受け取りやすくなります。
　あなたの役割は、カードの既存の意味をベースにしながら、セッション中に湧いてくるイメージをもとに直観的なメッセージを解釈に織り込むことです。
　質問者自身がカードを見て直観的に何かをイメージする場合もありますから、そのイメージを表現するように促してください。ただし、あなたから特定の答えや方向に誘導しないようにしましょう。相手がどんな反応を示しても、あなたへの個人

攻撃とは思わないこと。あくまでもあなたは目の前のカードの解釈に徹してください。
　また、質問者にこの先どう進めばいいかと尋ねられた場合の対応も決めておきましょう。どうすれば抵抗なく具体策を提示できるでしょうか？
　現状解決のための次のステップを知りたいと言われたら、タロットに尋ねるのも1つの方法です。追加のカードを1、2枚引くと対話の方向性が定まり、あなたと質問者にとって今後の展開を見きわめる助けになります。

> 読み手が心がけること
>
> □ 個人的な感情は挟まない
> □ 相手の直観的なイメージを表現してもらう
> □ 特定の答えに誘導しない
> □ 相手の反応には冷静になる
> □ 具体策の提案には追加カードも活用

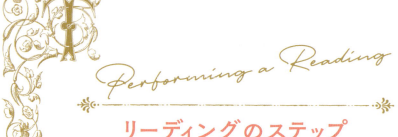

リーディングのステップ

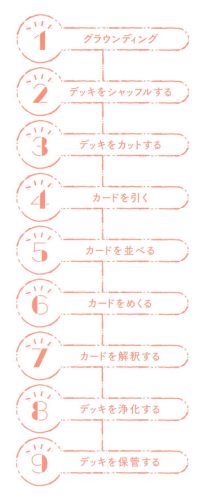

1. グラウンディング
2. デッキをシャッフルする
3. デッキをカットする
4. カードを引く
5. カードを並べる
6. カードをめくる
7. カードを解釈する
8. デッキを浄化する
9. デッキを保管する

　明快で正確なリーディングのためには、一連のステップが必要です。そのステップとは、グラウンディング、カードのシャッフルとカット、そして、スプレッドです。

　通常、読み手はリーディングを開始する前にスプレッドの種類を決めます。最も人気が高いスプレッドは10枚引きのケルト十字ですが、ビギナーにはシンプルなスリーカードが適しています（P.45〜「Chapter3 タロットスプレッド」を参照してください）。スリーカードは分かりやすいスプレッドです。より複雑なスプレッドへ移行するための基礎固めができます。

　リーディングを始める前に、お香やキャンドルに火をともすか、お気に入りの水晶を手にもって2、3回深呼吸しましょう。こうした手順に決まりはありません。自分に合ったスピリチュアルな実践を選んでください。重要なのはクリアなメッセージを受け取れるように心を開くことです。

グラウンディング

　事前に自分のエネルギーをグラウンディングしておくと、リーディング中に降りてくる宇宙のエネルギーを活用しやすくなります。
　グラウンディング（大地とのつながりを意識すること）とは、せわしない心を身体とつなげ、さらにその身体を地球とつなげるためのプロセスのことです。

❶ 何回か深呼吸して心を落ち着かせます。呼吸が頭のてっぺんからつま先まで身体全体に行き渡るのを感じましょう。
❷ 両足が地面とつながっている様子を想像してください。足から根が生えて地中に伸びているイメージです。そのイメージが描けたら、目を開いて現実に戻り、リーディングを始めます。
❸ 誰かのためにリーディングするのであれば、質問者本人といっしょに深呼吸しましょう。読み手であるあなたと質問者のエネルギーを同調させることができます。すると質問者の代理としてメッセージを受け取りやすくなります。

リーディングのステップ

STEP 2 デッキをシャッフルする

　シャッフルは、リーディングの直前に自分とデッキのエネルギーを同調させるためにカードを「混ぜ合わせること」です。シャッフルのやり方には正解も不正解もありません。いろいろ試して自分のスタイルを見つけてください。シャッフルの途中でカードを床に落としたり、デッキ全体を飛ばしたりすることもあります。でも大丈夫。気にしない、気にしない！

自分のためにリーディングをする場合

　自分のエネルギーがデッキのエネルギーと一体になったと感じられるまで、シャッフルしましょう。質問のテーマを思い浮かべながらシャッフルを続けます。「明確なメッセージを受け取ろう」と心に決めてください。

誰かのためにリーディングする場合

　その人の代わりにあなたがシャッフルしてもいいし、本人にデッキを渡して、デッキのエネルギーと融合したと感じられるまでシャッフルしてもらってもいいでしょう。私はクライアントの代わりに自分でシャッフルするやり方を好みます。事前にグラウンディングをいっしょに行うことで、相手のエネルギーを受け取ったという確信があるからです。でもあなたの感覚は違うかもしれません。ビギナーであればなおさらでしょう。

デッキをカットする

　カットとは、デッキを「いくつかの山に分けてから、またまとめること」です。利き手（別名「アクションの手」）でデッキをカットするのも、あなたとカードのエネルギーを融合させる方法の1つです。これは、あなたが高次の導きを求める一方で、自分でもアクションを起こそうとしていることを意味します。

　納得がいくまでシャッフルしたら、利き手でデッキを2つか3つの山に分けます。次に、また利き手で分けた山を1つにまとめます。質問者に直接カードとかかわってもらいたいなら、本人にこのカットの手順を任せてもかまいません。

カードを引く

　デッキを1つにまとめたら、利き手ではないほうの手（別名「直観の手」）でカードを選びます。カードの山の一番上から引いてもいいし、カードを扇状に広げてもつなり、テーブルや床に広げるなりして、そこから引いてもOK。重要なのは直観の手で引くことです。いろいろな引き方を試して、しっくりくるものを選んでください。

リーディングのステップ

STEP 5 カードを並べる

　スプレッド（P.45〜）を選んだら、その並べ方に合わせて各ポジションのカードを引いていきます。ポジションごとに1つの質問を投げかけます（あるいは、各ポジションの意味を言います）。声に出しても、心の中で唱えてもかまいません。引いたカードは絵柄が見えないよう裏向きにして伏せておきます。次のポジションのカードも同じ要領で引きます。それぞれのポジションの意味を覚えておくと、より複雑なスプレッドに移行するときに役に立ちます。

　まずは3枚か、それ未満の枚数の簡単なスプレッドから始めてください。その際、すべてのポジションの質問が終わるまでカードは裏向きにしておきます。そのほうが正確なリーディングが期待できます。カードを引くたびに絵柄を見てしまうと、そのエネルギーが次に引くカードに影響を及ぼして直観を鈍らせるのです。

　読み手が、質問者や質問内容を象徴するシグニフィケーター・カードを1枚選んで使うこともできます。デッキからランダムに引いたカードではなく、特定のカードにリーディングの案内役を担ってもらうのです。シグニフィケーターを選んだら絵柄が見えるよう表向きに置き、残りのカードをシャッフルします。

　たとえば、恋愛に関するリーディングなら、＜恋人たち＞のカードを、法的な問題や争いに関するリーディングなら、＜正義＞のカードをシグニフィケーターとして使ってもいいでしょう。

カードをめくる

　カードのめくり方にこれといった決まりはありませんが、1枚めくるたび、すぐに本を開いて意味を調べるのではなくて、まず、絵柄を見て心に湧いてくるイメージをじっくり観察してください。

　自分自身のためのリーディングであれば、直観的な反応を日記に書き込みましょう。誰かのためのリーディングであれば、あなたが感じたことをありのまま質問者に伝えてください。

リーディングのステップ

カードを解釈する

スプレッドのカードをすべてめくり終えたら、全体を見渡します。

□ スート（ソード、カップ、ペンタクル、ワンド）に偏りはないでしょうか？

特定のスートのカードが複数枚出ている場合、そのスプレッドで支配的なエネルギーのタイプを表している可能性があります。

□ カードの向きは正位置でしょうか？ 逆位置でしょうか？

正位置とは絵柄の上下の向きが正しい状態であることを、逆位置とは絵柄が逆さまの状態であることを意味します。正位置か逆位置かによってカードの意味が変わります。逆位置の読み方はP.36も参考に。

□ めくったカードのなかに大アルカナは含まれていますか？
　複数の大アルカナが、あなたや質問者に１つのストーリーを
　語っていませんか？ それはどのような物語でしょうか？

特定のポジションに大アルカナがあることで、それぞれを単独で見たときとは意味が変わってきませんか？ 本で意味を確認する前に、自分でカードの語るストーリーをつくってみましょう。解釈の方法はP.34〜で詳しく述べます。

リーディングの最中に、カードの伝統的な意味を思い出せなくなることがあります。でも、それはごく自然なことです！ 深呼吸して、リラックスし、カードの絵柄が語る声に耳を傾けましょう。心に響く言葉、考え、フレーズが聞こえてくるはずです。

デッキを浄化する

リーディングを終えるたびに、私はメッセージを授けてくれたデッキに感謝するようにしています。タロットに感謝を捧げることは、リーディングの意図を定めることと同じくらいに重要です。デッキに感謝の気持ちを伝えたら、そのリーディングのエネルギーを取り除くために、デッキの一番上を2回ノックするか、無色透明な水晶を一番上に置きましょう。

誰かのためのリーディングであればなおのこと、いつもの浄化法に加えて、エシカルに調達されたお香を使って、デッキからエネルギーを除去することをお勧めします。

デッキを保管する

木箱や布袋でデッキを保管する人もいれば、付属の箱に入れて棚や引出しで保管する人もいます。私は付属の箱に収納してタロットデッキ専用の棚に置いていますが、一番大切なデッキは布製の袋に水晶といっしょに入れています。肝心なのは、カードが折れたり破れたりしないようにすることです。

あなたはどんなアイテムといっしょにデッキを保管していますか？ たとえば、雑多なアイテムといっしょに引出しに入れているとしたら、クリアなメッセージを受け取るのに必要なエネルギーは生まれません。もっとインスピレーションと心の平安をもたらしてくれる場所に保管しましょう。

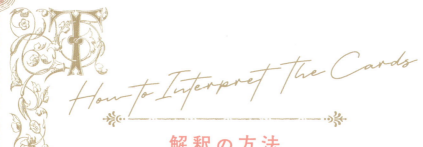

解釈の方法

　すでにお話ししたとおり、タロットの解釈はおもに2種類に分かれます。伝統的なカードの意味をもとに読む方法と、自分自身の直観を頼りに読む方法です。詳しい方法論に入る前に、ここで改めて、どちらの方法も重要であることを指摘しておきたいと思います。

　カードの1枚1枚が伝統的な意味をもち、それぞれにキーワードがあります。そして、正位置には正位置の意味が、逆位置には逆位置の意味があります。タロットのイメージは人類史上のさまざまな物語に登場する元型をほうふつとさせるものです。したがって、伝統的な意味は、事実上、あらゆるデッキに共通するテーマになっているのです。

　この本は、歴史的な象徴性を詳しく掘り下げるよりも、そうした共通の普遍的な意味に焦点を絞っています。カードの伝統的な意味を知っていると、スプレッドから情報を引き出しやすくなります。その情報とは、たとえば、各カードの絵柄とエレメントの関係性であったり、出たカードの偏り（大アルカナばかりが出たり、同じ数字の小アルカナが出たりすること）とものごとの重要性の関係性であったりします。

　一方、直観的な解釈は、自分の感覚や内なる知（もともと心の奥に備わっている知恵）とつながることによって可能になります。カードの伝統的な意味を活用するのはかまいませんが、リーディングの最中に自然に湧いてくる考えや解釈を表現することを恐れないでください。自分なりの解釈をどんどん口に出していると、直観と強くつながれるようになります。

カードに関する基礎知識と自分の直観の両方を使って、豊かで有意義なリーディング経験を味わってください。

どんなカードを引いたとしても、ものごとを選択する自由意志はあなた（あるいは質問者）にあります。スプレッドから悩ましい情報を得たときには、そのエネルギーに働きかけ、変える努力をすればいいのです。

1.ナラティブ・リーディング

ナラティブ・リーディングは、出たカードを組み合わせて1つの物語のように読む方法です。スリーカードなどの枚数の少ないスプレッドで試してみましょう。3枚のカードを並べたら、各カードの伝統的なキーワードをもとに1つの文をつくります。

たとえば、＜愚者＞＜ワンドの3＞＜ペンタクルの8＞の3枚なら、「新たな始まり」「拡大」「仕事の充実」というキーワードが考えられます。するとこんな文を思いつくかもしれません。

「新たな始まりがあなたの潜在的な能力を拡大し、キャリアをさらに充実させる」。この文に各カードから受け取った直観的なメッセージを織り込めば、さらに深い解釈ができるでしょう。

新たな始まりがあなたの潜在的な能力を拡大し、キャリアをさらに充実させる

愚者
→ 新たな始まり

ワンドの3
→ 拡大

ペンタクルの8
→ 仕事の充実

解釈の方法

2. 逆位置の解釈

　カードを引いたとき、絵柄の向きが正しいか、上下逆さまかに注意しましょう。逆位置のカードは正位置とは意味が異なります。逆位置のメッセージを解釈するには直観が必要です。ビギナーにとっては、逆位置の解釈は難しいかもしれません。逆位置を難しく感じるうちは、すべてを正位置として解釈してもいいでしょう。あるいは、つねに正逆を区別しない（正位置扱いにする）ことにしてもかまいません。

　私の経験から言うと、逆位置にはいくつかの異なる意味があるようです。意味を1つに絞るのではなくて、リーディングセッションごとに直観的に解釈を導き出すといいでしょう。以下に逆位置のおもな意味をまとめてみました。参考にしてみてください。

遅延

　逆位置で出た場合、正位置に象徴されるエネルギーが、まだ完全にあなたのものになる段階ではないことを意味します。そのエネルギーは近づいてはいるのですが、あなたのところにたどりついて現実化するには何かが必要なのです。たとえば、〈ペンタクルのナイト〉が、正位置で出れば、すばらしい仕事のチャンスがめぐってくると解釈できますが、逆位置では、そのチャンスがめぐってくるまでに、思ったより時間がかかることを意味します。だから焦らずに楽観的に待つ必要があるのです。

ペンタクルのナイト（正）
→長期的な豊かさ、着実な進歩

ペンタクルのナイト（逆）
→ためらい、自己満足

内側 vs 外側

逆位置は、あなたの外側ではなく内側で何かが起きていることを意味する場合があります。たとえば、〈ソードの6〉が、逆位置で出たとすれば、あなたは自分の問題を打ち明けることや、身近な人にサポートを求めることに抵抗を感じていて、それがあなたの前進を妨げているのかもしれません。

ソードの6（正）　　　ソードの6（逆）
→前進する、　　　　→前進できない、
　癒しの旅に出る　　　その場にとどまる

阻害

逆位置は、正位置のときのエネルギーが何らかのかたちで阻害されている可能性を指摘しています。たとえば、〈カップのエース〉は新たな愛を表すカードですが、逆位置で出た場合、まずあなた自身が自分を愛し、自分のニーズを満たしているかが問われているということです。誰かを愛するには、まず自分自身を愛する必要があります。

カップのエース（正）　　カップのエース（逆）
→新たな愛、　　　　　→枯渇、失望
　親密な人間関係

エネルギーの方向

「過去・現在・未来」を占うスリーカードスプレッドで（P.52）、真ん中のカード（現在）に逆位置が出たとします。そのカードに描かれた人物、またはシンボルは過去と未来のどちらを向いているでしょうか？　たとえば、過去のカードが〈皇帝〉の正位置、現在が〈カップのナイト〉の逆位置、未来が〈ワンドの2〉の正位置だった場合、逆位置の〈カップナイト〉は、〈ワンドの2〉（未来）にではなく、＜皇帝＞（過去）にカップを差し出しているように見えます。これは、新しいことを始めるよりも、過去から引きずっている何かを修復することにエネルギーを注いでいる可能性があることを示しています。

過去／　　　　現在／　　　　未来／
皇帝（正）　　カップのナイト（逆）　ワンドの2（正）

37

解釈の方法

3. コートカードの解釈

　ペイジ、ナイト、クイーン、キングは、コートカードと呼ばれ、そのスートの熟達者と見なされます。Chapter1で述べたとおり、彼らはエースから10までの数札の教訓をすでに学び終えています。人によってはコートカードの解釈に苦労するかもしれません。描かれた人物の役割を性別でとらえようとすると、そうなりがちです。リーディングの際にコートカードが出たら、絵の人物の性別にこだわらないようにしてください。性別よりもそのスートのエレメント（四大元素の属性）の成熟度に象徴される事柄に目を向けましょう。

ペイジ（小姓）

　そのスートならではの経験を有していますが、まだ見習いの状態です。ナイトのように広い世界に出ていくレベルには達していません。

ナイト（騎士）

　各エレメントはものごとの生じるスピードを表しています（たとえば、火の勢いは水の流れよりも速いなど）。ナイトは経験を通じて、そのエレメントの次のレベルに到達するために探求の旅に出ます。

クイーン（女王）

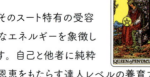

　そのスート特有の受容的なエネルギーを象徴します。自己と他者に純粋な恩恵をもたらす達人レベルの養育力と包容力が特徴です。

キング（王）

　そのスート特有の行動力を表し、経験に裏打ちされた権威的な立場とリーダーシップを象徴します。

4. 数秘術を活用する

　それぞれのカードには数字が割り当てられています。そして、それらの数もカードを解釈する際の助けになります。大アルカナは22枚ありますが、数秘術（数字とその意味を用いた占術）では、10以外の2桁以上の数をある計算方法で1から10までに変換します。

　たとえば、〈太陽〉のカード（19番）の数秘術的な意味を知りたければ、各桁の数字を足して 1 ＋ 9 ＝ 10 と計算します。以下に示したそれぞれの数の意味を頭に入れておくと、タロットの解釈に厚みが出ます。

　私はカードの数字と数秘術との関連性を覚えたことで、本を開かなくても各カードの伝統的な意味を思い出せるようになりました。たとえば、〈皇帝〉は4ですから、構造、安定、基礎という概念と関連します。とはいえ、ビギナーにとってこの話は複雑すぎるかもしれません。その場合、この項目は飛ばして、準備ができたときに読み直してください。

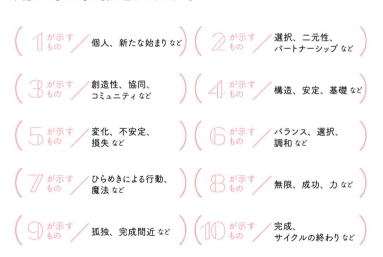

1が示すもの／個人、新たな始まり など
2が示すもの／選択、二元性、パートナーシップ など
3が示すもの／創造性、協同、コミュニティ など
4が示すもの／構造、安定、基礎 など
5が示すもの／変化、不安定、損失 など
6が示すもの／バランス、選択、調和 など
7が示すもの／ひらめきによる行動、魔法 など
8が示すもの／無限、成功、力 など
9が示すもの／孤独、完成間近 など
10が示すもの／完成、サイクルの終わり など

Daily Reading

簡単なリーディングを日課にする

ややこしい質問や解釈は抜きにして、シンプルなリーディングを日々の習慣にしましょう。そうすれば、無理なく定期的にタロットと向き合うことができます。最初のうちは、出たカードをすべて正位置扱いにしてもかまいません。知識の基礎が固まってから逆位置に挑戦しましょう。

以下の要領でワンカードリーディング（1枚引き）を日々のルーティンに取り入れてみてください。

① コーヒーかお茶を入れ、日記をそばに置いたら、タロットを広げるスペースを整えます。

② デッキのエネルギーを浄化し、2、3回深呼吸をして雑念を払います。

③ シャッフルしながら、カードに次のように問いかけます（心の中で唱えても、声に出してもかまいません）。「私が今日知るべきことは何ですか？」。次に、デッキから1枚だけカードを引き、そのカードに直観を集中させます。

④ 引いたカードとそれを見た瞬間に湧いてきた考え、感覚、反応を日記に書き込みます。

12/12 〈ワンドの7〉

思ったこと…

・下から棒がいくつも伸びてきて困っている？

・一生懸命立ち向かう姿

・同僚のAさんの孤軍奮闘が浮かんだ

12/13 〈力〉

思ったこと…

・優しい柔和な笑顔に癒される

・無理と思うこともなんとかできそうな、
温かいエネルギーがわいてくるような…

　カードを見たときに最初に浮かんだ考えや感覚を記録しておくと、直観力が養われます。思い浮かべたことをすべて書き終えてから、カードの伝統的な意味を確認するようにしましょう。

　伝統的な解釈はあなたの直観的解釈と似ていますか？　あなたが最初に感じたことを補足していますか？　それとも対立していますか？　ときには両者がぶつかり合う場合もあります。その場合、私の経験から言って、「出たカードに関連する人生の問題に注意を払いなさい」という直観からのシグナルです。あなたが引いたカードは、その日のあなたに必要なメッセージだと思ってください。

Focused Readings
フォーカスリーディングをやってみる

　リーディングのビギナーにとって、1枚1枚のカードの伝統的な意味と多岐にわたる解釈を覚えるのは至難の業でしょう。でも、カードの特定の部分だけに焦点を絞って読むフォーカスリーディングなら、そのプレッシャーを和らげることができます。

　フォーカスリーディングで経験したことは、かならず日記に残しておきましょう。何が楽しかったか、何を学んだかを記録してください。以下の手法はどんなときでもタロットリーディングにとり入れることができます。

ナンバーリーディング

　このリーディングでは、カードの数字にだけ注意を向けます。その数のもつ性質（P.39を参照）によって、カードのイメージとエネルギーはどう増幅されるでしょうか？　タロットに質問を投げかけずに、ただカードを3枚引いたとき、それぞれのカードの数秘術的な意味を思い出せますか？出たカードの数字の合計をスプレッド全体のメッセージと見なしてもいいでしょう。

　たとえば、＜ペンタクルの7＞（7）、＜正義＞（11）、＜太陽＞（19）の3枚を引いた場合、7＋1＋1＋1＋9＝19、1＋9＝10です。10は完成またはサイクルの終わりを意味します。

あなたは「なるほど、1つのサイクルが終わったのか…でも次はどうなるのだろう？」と思うかもしれません。その疑問の答えを探るために、さらに10の各桁を足して1桁にします。つまり、1＋0＝1です。1は個人の力を表します。成長と成功を確実なものにする要素はすべてあなたの中にあり、現在のサイクルが終わり次第、新たなサイクルが始まるということです。

各カードの数字を足してみよう

ペンタクルの7→7　　正義→11　　太陽→19

カラーリーディング

各カードの色合いから、直観的に感じるものをベースに読んでいく手法です。色彩は全体的な感覚に影響しますから、この方法はあなたとデッキのエネルギーがもつ波動を一致させるのに最適なのです。

今回もやはり、質問は投げかけずにカードを3枚引きましょう。それぞれのカードで最も目立つのは何色でしょうか？　たとえば、＜ソードの3＞には、憂鬱な灰色の背景が広がり、その中央に真っ赤なハートが描かれていますが、この絵柄にあなたは何を感じるでしょうか？　カードを開いた途端に目に飛び込んできた色と、それを見て感じたことを日記に記録しましょう。

カードを見て何色が一番気になった？

灰色の背景をどう感じた？　　真っ赤なハートをどう感じた？

Exercise 5
エクササイズ

What Do You See?

どう見える？

　それぞれのカードの絵柄をよく見て、自分なりに得た解釈を日記につけておくと、直観力を養うことができます。その瞬間に感じたことや伝わってきたメッセージを自由に書きとめておきましょう。

　何が一番印象に残ったでしょうか？　特定のカードの色やシンボルですか？　直観的に湧いてきた解釈と感覚はあなたが受け取るべくして受け取ったものです。考えすぎず思いつくままを日記に書きとめてください。

　後ほどカードの定義と意味を説明するセクションでも、カードごとに日記用の質問を用意しました。カードの印象は、伝統的な意味と同様に重要なものだということを忘れないでください。

Example

塔

・急転直下の出来事発生？
・雷が直撃、空が真っ黒なのが
　印象的
・そびえ立っているものが崩れる
　（権威の崩壊？）

Try 1

カップの10

・
・
・
・
・

Try 2

女帝

・
・
・
・
・

タロットスプレッド

　ビギナーはシンプルなスプレッドから始めると、デッキと親しくなれます。最初は1日に1枚だけ引きます。そこから徐々に2枚、3枚と増やしていきましょう。自信がついてきたら、5枚引きのスプレッドを試しながら、最終的にはケルト十字スプレッドをめざします。
　この章の後半に出てくる複雑なスプレッドの説明は、タロットリーディングの理想的な実践法をある程度マスターしたことを前提にしています。いきなりそちらから読むと、「複雑なスプレッドの割に説明が少ないじゃないか！」と思うかもしれません。だからこそ、まずはシンプルなスプレッドでタロットに慣れてほしいのです。そこから徐々に複雑なスプレッドへと歩みを進めてください。

スプレッド 1

解放と保持

❶ 解 放
あなたの人生から退場する用意ができているもの、または、あなたの注意力やエネルギーを奪いすぎているもの

❷ 保 持
あなたが成長を続けるために保持する必要があるもの

どんなときに適したスプレッド？　　思いついたら追加してみよう

- ☐ 何かを手放したいとき　　　　　☐
- ☐ 何かを取り入れたいとき　　　　☐
- ☐ 変化を望んでいるとき　　　　　☐
- ☐ 忙しくて優先順位をつけたいとき　☐

「物、人、思考」を手放すかもち続けるかを問う

このパワフルな2カードスプレッドは、あなたが古いパターンや習慣をそのままもち続けるべきか、それとも、それらを手放して新しいパターンや習慣をとり入れるべきかで迷っているときに役立ちます。

Point1

手放す対象は物質的・物理的なもの、たとえば、付き合っている人、仕事、あるいは家の中にある物かもしれません。新しい何かがあなたの人生に登場しようとしていて、その何かを迎え入れるために手放す必要がある物や人を指しています。

一方、非物質的な側面を指している場合もあります。たとえば、人生はこうあるべきだという思い癖もその1つです。

Point2

大アルカナがカード1かカード2のどちらかのポジションに出た場合、発展させるべき重要な領域を表しています。小アルカナが出た場合、小さな変化が大きな影響をもたらす可能性を表しています。

並んだカードを見た途端に湧いてきた感情的な反応を観察しながら、自分の内なる声に耳を傾けてください。そのときの思いやそれ以外に気づいたことを日記に書き込みましょう。

さらに深く掘り下げよう

ここでリーディングを終わらせてもいいのですが、解釈の幅をさらに広げたければ、以下のように追加の質問を投げかけながら、各ポジションにもう1枚ずつカードを引いてもいいでしょう。

質問1 自分自身をどうサポートすれば、この変化を乗り切れますか？

質問2 手放した後はどうなりますか？

質問3 手放したものの代わりに人生に迎え入れる用意ができているのは何ですか？

Asset & Hindrance
スプレッド 2
強みと妨げ

❶ 強み
あなたの生まれつきの才能、あなたがもっている能力

❷ 妨げ
あなたの才能の開花を妨げているもの

どんなときに適したスプレッド？　　思いついたら追加してみよう

- ☐ 自分を成長させたいとき　　　　☐
- ☐ 進路に迷ったとき　　　　　　　☐
- ☐ 見えない障壁をクリアにしたいとき　☐
- ☐ 自己アピールしたいとき　　　　☐

48

あなたのなかに眠る才能を問う

　タロットは、あなたの生まれもった才能を明らかにし、それを伸ばす助けになります。この2カードスプレッドは、あなた自身が気づいていない強みと、それに気づくことを妨げているものを浮かび上がらせてくれるスプレッドです。自分の中にあるスピリチュアルな宝物に好奇心を向けてください。心を開いて宝物を掘り起こしましょう。

　カードのメッセージをもとに、あなたの才能を明らかにしましょう。そして、あなたの中にその才能と歩調を合わせていない何かがあるなら、正面から向き合いましょう。単純によいか悪いか決めつけるのではなく、好奇心をもってカードのメッセージに接してください。

Point1

　各ポジションのカードのタイプに注目してください。大アルカナは小アルカナよりも意味に重みがあります（大アルカナは人生の大きな流れやテーマを表し、小アルカナはより日常的で具体的な出来事や行動を表す）。

Point2

　エレメントはどうでしょうか？　ソード、カップ、ペンタクル、ワンドのいずれかのエレメントが両方のポジションに出たとすれば、それがそのスプレッドで優勢なエネルギーです。そのことを念頭に置きながら直観を働かせてください。

さらに深く掘り下げよう

　ここでリーディングを終わらせてもいいのですが、解釈の幅をさらに広げたければ、以下のように追加の質問を投げかけながら、各ポジションにもう1枚ずつカードを引いてもかまいません。

- **質問1** どうすれば、この才能をさらに伸ばせるでしょうか？
- **質問2** どうすれば、自分を妨げているものを手放すことができますか？
- **質問3** どうすれば、この才能を今のライフスタイルに融合させられますか？

49

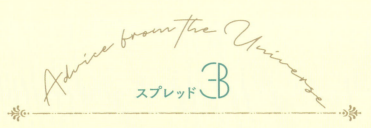

スプレッド 3

宇宙からのアドバイス

❶ あなたが知るべきこと
特定の状況や事柄、あるいは、人生全般に関して、今、あなたが意識を集中させるべき重要な焦点

❷ 新たな視点
まだあなたが気づいていないが、それに気づけば、今の状況を変える可能性が高くなるもの

❸ とるべき行動
好ましい結果を得るためにとりうるステップ

どんなときに適したスプレッド？　思いついたら追加してみよう

- ☐ 今日1日のアドバイスを知りたいとき ☐
- ☐ トラブルを抱えているとき ☐
- ☐ 人生について自信をもてないとき ☐
- ☐ 魂の成長を望むとき ☐

自分の枠を超えた視点を得る

　この3カードスプレッドは漠然とした問題にも具体的な問題にも使えます。特定の事柄について悩んでいるとき、または、人生全般に自信を失っているとき、このスプレッドで宇宙に導きを求めましょう。私たちは狭い思考パターンから抜け出せなくなることがよくあります。そんなとき、成長の可能性はつねに身近にあると気づかせてくれるのが、このスプレッドなのです。

　1日を過ごす中でも折に触れ、メッセージを送ってほしいと宇宙に問いかけてみましょう。その後の状況の変化を観察し、経験したことを日記に記録してください。

Point1

　それぞれのカードを各ポジションと関連づけて読むことも、3枚合わせて1つのストーリーとして読むこともできます。カードを見たとき、そこにはどんなストーリーが浮かび上がってくるでしょうか？　カード1から始めて、次にカード2をとり入れ、カード3で終わる、そんな文章をつくれますか？

Point2

　どのエレメントが最初に目に飛び込んできましたか？　宇宙は、それぞれのカードがもつ象徴的な意味を通じてあなたに語りかけています。その微妙なコミュニケーションを聞き逃さないでください。

過去、現在、未来

❶過去
過去のあなたの状況を表すエネルギー

❷現在
現在のあなたの状況を表すエネルギー

❸未来
想定される結果や今後のあなたへの影響

どんなときに適したスプレッド？　思いついたら追加してみよう

- ☐ 自分の運勢を知りたいとき　☐
- ☐ パートナーとの関係性を見つめ直したいとき　☐
- ☐ 転職を考えるとき　☐
- ☐ チャレンジしたいことがあるとき　☐

時間の流れからテーマを読み解く

この古典的な3カードスプレッドは、特定のものごとのエネルギーを確認するためのすぐれたツールです。たとえば、あなたがキャリアの目標に向かって努力してきたとすれば、このスプレッドで、過去の自分、今の自分、これからの自分をチェックできます。人間関係、個人的な成長、生活状況など、さまざまな事柄に使えるスプレッドです。

Point 1

まず、過去のカードを見ましょう。

☐ それは大アルカナですか、小アルカナですか？

☐ 正位置ですか、逆位置ですか？

☐ そのカードはあなたの過去の状況を物語っていますか？

☐ あなたが考えもしなかった要素を指摘していますか？

最初の印象を記録しておくと、そのカードの意味を少しずつ掘り下げていくうえで役に立ちます。

Point 2

続いて、現在のカードも同じ要領で観察し、記録し、さらに未来のカードにも同じステップを踏みます。

最後に3枚のカードを見渡します。あなたの直観にストーリーを語ってもらいましょう。3枚のカードは調和していますか？ 1つのテーマやメッセージを表していませんか？ 印象を日記に書き込み、1日を過ごすうちに気づいたことがあれば、それも記録してください。

スプレッド 5

マインド、ボディ、スピリット

❶ マインド（意識）
あなたの合理的な思考、安定感や確実さに対する欲求

❷ ボディ（身体）
あなたのハートが感じるもの、身体的反応を伴う強い感情（情動体験）、身体で感じる直観的情報

❸ スピリット（魂）
あなたとエーテル界（物質界と隣接して存在するとされる霊的な世界）、宇宙、高次の存在とのつながり

どんなときに適したスプレッド？　思いついたら追加してみよう

- ☐ 意識と身体と魂のバランスをチェックしたいとき　☐
- ☐ ベストなパフォーマンスを出したいとき　☐
- ☐ 自分の調子を高めたいとき　☐

3つのチャンネルと調和して自分を高める

　このスプレッドは、あなたという存在を構成している3つのおもな要素——マインド（意識）、ボディ（身体）、スピリット（魂）——と、それぞれが伝えようとしている重要なメッセージを明確に理解できるようにしてくれるスプレッドです。それぞれのメッセージに対する気づきを育てていくと、これら3つのチャンネルと調和できるようになり、毎日、ベストな自分を前面に押し出せるようになります。

　このスプレッドは、自分の外面的な行動ではなく内面に目を向けさせ、自己理解を深めるように促してくれるため、ビギナーには最適のスプレッドです。

Point 1

　意識の状態（ネガティブ思考かポジティブ思考か）と、身体で感じる感情的な変化（第六感、違和感、興奮、悲しみなど）の区別は、何かに葛藤したり、混乱したりしているときに役立ちます。

　一方、スピリットのカードは、あなたの現在の生き方と、あなたの魂が求めている生き方の関係性を理解させてくれるでしょう。

Point 2

　このスプレッドでは、まずポジションごとに個別にカードを解釈します。じっくり観察して、受け取ったメッセージを日記に書き込んでください。

　次に、3枚のカードを1つのストーリーとしてとらえてみましょう。絵柄、色合い、エレメントからどんなストーリーが浮かび上がってくるでしょうか？

スプレッド 6

現在の人間関係

❶ あなた
その人間関係におけるあなたの
エネルギー

❷ 相手
その人間関係における相手の
エネルギー

❸ 架け橋
よくも悪くも2人を
結びつけているもの

❹ 最大の強み
その人間関係がもつ最大の強み、
または、育成・強化すべき部分

❺ 弱点
その人間関係の弱点、または、
取り組みが必要な部分

どんなときに適したスプレッド？ 思いついたら追加してみよう

- ☐ 恋人との将来に不安を感じるとき ☐
- ☐ パートナーとの仲を深めたいとき ☐
- ☐ 苦手な相手との関係を改善したいとき ☐
- ☐ 家族とのコミュニケーションに悩むとき ☐

あらゆる人間関係を読み解く

　人間関係はタロットリーディングでよく扱われるテーマです。恋愛などの人間関係を読む際に気をつけなければならないのは、他人やものごとはけっしてコントロールできないということです。コントロールできるのはあなた自身のふるまい、気持ち、行動だけです。

　このスプレッドは、現在の人間関係を取り巻くエネルギーに注目し、その状況に特有の事情を踏まえながら、強化すべき部分と手放すべき部分を明らかにしてくれます。恋愛や結婚のパートナーシップだけでなく、友人関係、家族間の関係、ビジネス上の人間関係にも使えるスプレッドです。

Point1

　まず、あなたと相手を表すカード1とカード2に目を向けます。2人の間にはどのようなエネルギーが存在するでしょう？　補完し合っていますか、それとも反発し合っていますか？　カードを見た瞬間に受け取ったメッセージを日記に書き込んでください。

Point2

　次に、カード3を見ます。これは2人を結びつけているものを表しています。絵柄を見て、2人をつなげているものを連想しましたか？　それは何らかの共通の強みや性質や経験ではありませんか？　カードに2人の人物が描かれているとすれば、それらの人物は何をしていますか？　描かれている絵の中にあなたたちの関係に通じるものはありませんか？

Point3

　最後に、カード4とカード5は2人の関係の光と影を表しています。影とは、その人間関係を発展させ豊かなものにするための努力が必要な領域です。

　カード4は今の2人の最大の強みを表しています。そのカードには、2人の関係のうまくいっている部分や揺るぎのない部分がどのように映し出されているでしょうか？

　カード5は注目や癒しが必要な部分に光を当てています。カードの人物やシンボルを見て、自由に連想してください。そこには人が描かれていますか？　それとも、何かの行動が描かれていますか？　それらのイメージはあなたたちの関係の中でズレを感じる部分とどう関係しているでしょうか？

57

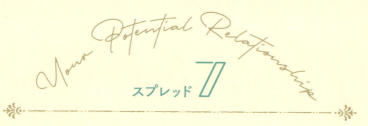

スプレッド 7

潜在的人間関係

❶ あなた
現在の人間関係をめぐるあなたのエネルギー、または、恋愛や人間関係に関してあなたが放っているエネルギー

❷ 愛があなたに求めているもの
望んでいる（潜在的な）人間関係のエネルギーとあなたの波動を一致させるために必要なもの

❸ 高次からのメッセージ
その潜在的な人間関係に関して、神、もしくは、宇宙、スピリットガイド（守護霊）、ハイヤーセルフが発しているメッセージ

❹ とるべき行動
その潜在的な人間関係のエネルギーと波動を一致させるためにあなたがとるべきステップ

❺ 解放すべきもの
あなたが余計なエネルギーを使いすぎているもの、つまり、新たな人間関係を迎え入れるために手放す必要があるもの

どんなときに適したスプレッド？　　思いついたら追加してみよう

☐ 運命の相手と出会いたいとき　　☐
☐ 新たな縁を引き寄せたいとき　　☐

まだ見ぬパートナーと出会うヒントを導く

　すでにお話ししたとおり、タロットは未来を断定的に告げるものではありません。むしろ、特定の願望をめぐるあなたのエネルギーの状態や、願望実現に必要なエネルギーの性質を理解しやすくするためのものです。
　このスプレッドの場合、特定の願望とは、新たな人間関係を引き寄せることを指します。あなたが求めているのが恋愛の相手であれ、仕事上の人間関係であれ、魂のレベルでつながれる家族やコミュニティであれ、このパワフルなスプレッドは、その願望を実現するために成長、行動、解放が必要な領域を示してくれます。自分の現在地を知ってこそ、新しい人間関係がもつ潜在的なエネルギーと同調できます。その理解を助けてくれるのがこのスプレッドなのです。

Point1 スプレッドを前半（カード1からカード3）と後半（カード4とカード5）に分けて読みます。

　まずカード1とカード2をもとに自分の現在の状態と、新しい人間関係の実現に必要なものを明らかにします。2枚のカードは、心の奥にある悲しみ、不安、恐れ、または、覚悟や熱意など、隠れた微妙な感情を汲みとってくれるでしょう。
　カード3は、あなたの現状に関する高次からのメッセージです。カード1とカード2で学んだことについてさらなる導きを提供してくれます。最初の3枚のカードのメッセージについてよく考えてみましょう。

Point2 それが終わったら、カード4とカード5が示す行動と解放に目を向けます。2枚のカードのメッセージを日記に書き込み、外側の現実を変えるために自分の内面をどう変えればいいか検討しましょう。

Point3 いつものように自分の解釈と伝統的な意味を組み合わせて、このスプレッドのメッセージから結論を引き出してください。たとえば、カード3は高次からのメッセージですが、カードのテーマ、色合い、人物、人物以外の事物のうち、どれが高次の存在を象徴しているでしょうか？　カードを見たとき、どんな感情が湧いてきますか？　まず自分でじっくり考えてから、本書で意味を調べましょう。

スプレッド 8

引き寄せの法則

❶ あなた
願望を象徴するシグニフィケーター・カードを選ぶ（P.30）

❷ あなたの現在のエネルギー
願望に対して、あなたの波動が今どのような状態にあるか

❸ あなたに必要なエネルギー
願望を実現するためにどのような波動が必要か

❹ 同調させる方法
願望のエネルギーとあなたの波動を一致させるのに必要な内面的または外面的な行動

❺ 手放すべきこだわり
願望実現の方法は無限であることに気づき、結果へのこだわりを手放すためにあなたがすべきこと

どんなときに適したスプレッド？   思いついたら追加してみよう

☐ 願望を成就させたいとき ☐
☐ 理想の自分になるためにすべきことを聞くとき ☐

願いを叶えるために必要なことを導く

あらゆるもの、あらゆる人が特定のエネルギー周波数で振動しており、すでに述べたとおり、その振動は波動と呼ばれます。そして、あなたがものごとにアプローチし、かかわるときのエネルギーは、自分に跳ね返ってきます。

このパワフルなスプレッドは、自分がどんなエネルギーを発しているか、どうすれば願望のエネルギーと波動を一致（同調）させられるかを理解するうえで助けになるでしょう。キャリア、お金、恋愛、コミュニティ、健康などのテーマに使えるスプレッドです。人生に引き寄せたいものがあるなら、まず、そのエネルギーと自分を同調させなければなりません。

直観に導かれながら視野を広げ、願望を実現する方法はたくさんあることに気づいてください。ときどきこのスプレッドを実践して、エネルギーの同調が進んでいるかどうか確認し、変化を記録しておきましょう。

Point カード1のシグニフィケーターに対して抱く感覚は、あなたの願望を象徴しています。あなたの現在のエネルギーを表すカード2と比べてみましょう。直観的に受け取ったメッセージを日記に書き込んでください。

カード3は願望実現に必要なエネルギーの性質を表しています。カード4はカード2とカード3のギャップに橋を架けるカードです。最初の3枚のカードはどんなストーリーを描いているでしょうか。エネルギーの旅はさらにカード5へと続きます。

61

スプレッド 9

決断を下す

❶ オプション1
決断を下すうえでとりうる選択肢の1つ

❷ オプション2
別の選択肢。何も行動を起こさないという選択もあり

❸ オプション1のエネルギー
オプション1を取り巻くエネルギー

❹ オプション2のエネルギー
オプション2を取り巻くエネルギー

❺ 恐れ
変化に対する恐れ

❻ 恩恵
決断を下すことで得られる幸福

どんなときに適したスプレッド?　　思いついたら追加してみよう

☐ 二者択一で悩むとき　　　　　　☐
☐ 自分の決断に確証を得たいとき　☐

一歩を踏み出したいときに最適

　私たちは正しい決断を下せるかどうかでしょっちゅう悩んでいます。時には悩みすぎて行動できなくなったりもします。でも、このスプレッドで決断を後押しするエネルギーが分かれば、身動きがとれなくなったり、行き詰まったりせずに済むでしょう。決断を下すからこそあなたは前進できます。唯一の間違った選択とは、何も選択しないことです。

Point 1　カード1とカード2を見たときの直観的なメッセージや感覚を日記に書き込みましょう。この2枚のカードは概してあなたの選択肢そのものを象徴しています。タロットデッキがこの2枚を選んで鏡のように映し返しているのです。カードの絵柄から真っ先に目に飛び込んできたものはありませんか？　これまでに考えたことのない選択肢を示していないでしょうか？

Point 2　次に、カード3とカード4のメッセージを最初の2枚と照らし合わせます。カード1とカード2は選択肢そのものを表していましたが、カード3とカード4は2つの選択肢の背後で働く力と、あなたが自分をごまかして決断を避けたり、ためらったりしている理由を表しています。あなたのデッキはどちらの選択肢を推しているように見えますか？　カードの絵柄は、どちらの選択肢が有望だと言っていますか？

　カード5を見たとき直観的に湧いてくる恐れは、どちらの選択肢にも当てはまります。2つの選択肢は1枚の同じコインの裏表の関係にあるのです。カード6は決断を下したことで得られる恩恵と安心感を表しています。直観を頼りに正しい選択をしてください。

Celtic Cross

スプレッド **10**

ケルト十字

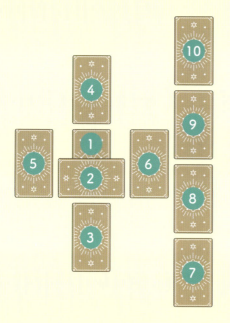

❶ 現在
あなたの現状を表すエネルギー

❷ 対立するエネルギー
その状況と対立関係にあるか妨害しているエネルギー

❸ 意識下にあるもの
あなたが気づかないところで、その状況に影響を与えている力

❹ 意識上にあるもの
その状況に関してあなたが気づいているもの

❺ 過去
その状況に影響を与えている過去の出来事

❻ 未来
近い将来、あなたが直面しうる出来事

❼ あなたの気持ち
その状況に対するあなたの気持ち、ハートが感じているもの

❽ 他者の気持ち
その状況に影響を与えている他者の気持ち

❾ あなたの希望、または恐れ
カードがその状況におけるあなたの希望と恐れのどちらを表しているかは、直観的に見分けること

❿ 想定される結果
その状況がどうなりうるか

どんなときに適したスプレッド？
思いついたら追加してみよう

☐ 特定のものごとを時間にそって心理的に掘り下げながら導きを得たいとき
☐
☐

時間軸を超えた俯瞰的な視野を得る

　読み手を過去から現在、未来へと続く旅に連れ出し、内面的・外面的な風景を見せながら、ポジティブな結果へと希望をつないでくれるスプレッドです。人生に影響を及ぼしている力、たとえば、過去の考えや認識、未知のものへの恐怖、自分の決断に対する他者の影響などに光を当ててくれるのです。

　このスプレッドでは、あなたのコントロールが及ばない出来事、あなたの思考と感情、あなたに属していないものが区分けされています。スプレッドを2つに分割して読むと、メッセージを理解しやすくなります。

Point 1

最初に十字架の部分を見ていきましょう。カード1とカード2は互いに対立し、緊張を生み出しています。カード3からカード6までは、その緊張の詳しい説明に当たります。カード3とカード4は状況に関する内面的なプロセスを表し、カード5とカード6は状況に影響を与えている外面的な出来事を表しています。

Point 2

残りの4枚は、想定される結果にたどりつくために登らなければならない梯子を表しています。当の状況に関する自分の気持ちと現実に影響を与えている他者のエネルギーで構成されます。てっぺんに到達するためには、自分の恐れや希望と向き合い、それらを目標へ向かう原動力にしなければなりません（カード9は、希望と恐れの一方、または両方を表している可能性があります。直観的に見きわめてください）。

Point 3

最後に、想定される結果を象徴するエネルギーを受け止めます。ただし、いつでもそのエネルギーを変えるだけの力が自分にあることを忘れずにいてください。未来は確定したものではないからです。

リーディングの内容を日記に書き込みます。以下の質問をヒントにしてください。

- **質問1** どんな結果が私を一番満足させる？
- **質問2** 過去の出来事のうち、今私に最も重くのしかかっている経験は何？
- **質問3** 今の私が他者の影響を受け入れ、従っているとしたら、それはどんなこと？
- **質問4** 私の中のどんな不安や恐れが、好ましい結果にたどりつくことを妨げているの？
- **質問5** どのようにすれば過去を手放し、希望のエネルギーと同調できるだろう？
- **質問6** このスプレッドで初めて気づいたことは何だろう？

Designing Your Own Spreads

慣れて
きたら

オリジナルのスプレッドをつくろう

　タロットリーディングの最大の楽しみの1つは自分でスプレッドをデザインすることです！　効果的なスプレッドを設計するためには、リーディングの意図と目的を明確にすることが重要。無限に存在する質問とシナリオを自由に組み合わせてつくりましょう。基本的な構造は、リーディングのテーマにスプレッドの全体的なエネルギーを合わせることから始まります。どのようなスプレッドが適しているか考えましょう。

あなたが求めているのは…

- □未知の情報を知るためのスプレッドでしょうか？　それとも、導きを得るためのスプレッド、あるいは、人間関係のスプレッドでしょうか？
- □どんな人物の何について探りたいのでしょうか？　それは現在の出来事と関連していますか？　知りたいのは感情面の問題ですか？　たとえば、自分と他者の間にある気持ちの問題に光を当てたいのでしょうか？

　次は好奇心の出番です。そのテーマに関してあなたは何を知りたいのでしょうか？　テーマについて直観的にどんな感覚を抱いていますか？　ハイヤーセルフや高次に、そのテーマの掘り下げ方に関するメッセージやアドバイスを求め、そこから組み立てていきましょう。

Point　行動に結びつくような生産的な質問に答えるスプレッドにしてください。いつどこで何が起きるといった具体的な質問は避けましょう（「昇給するのはいつですか？」ではなくて、「収入を増やすためには、どのようにエネルギーを使うべきですか？」と尋ねるスプレッドにしてください）。

基本的な構造
❶テーマ
❷あなたの心の奥にある理屈抜きの感情
❸宇宙からのメッセージ

大アルカナ

　大アルカナは22枚の切り札で構成され、他のカードより格上に当たります。22枚が描き出しているのは愚者の旅の絵物語です。その旅路は愚者（0番）のカードから始まり、世界（21番）で終わります。大アルカナは、私たちの人生をかたちづくる大きな出来事や重要な教訓（個人と集団の両方のレベルの）を象徴しているのです。この章では、それぞれのカードの数秘術的な意味、惑星や黄道十二宮（占星術の星座）との関連、タロットデッキの種類に関係なく普遍的に用いられる意味を解説していきます。

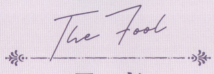

愚者

愚者は過去を後にし、新たな旅の一歩を踏み出す。彼の荷物はこれまでに学んだ教訓と再び旅を始めようという好奇心だけ。

正位置の キーワード	新たな始まり、自由
逆位置の キーワード	未熟さ、変化への恐れ

数秘術 0、空の容器、すべてと 無を包み込むもの	占星術 天王星 （突然の変化、自由）

カードが示すこと

大アルカナのそれぞれのカードは、先行するすべてのカードのエネルギーを携えています。出発点に当たる愚者のカードのエネルギーはゼロ（0）、つまり、あらゆるものを含むと同時に何も含まないエネルギーです。愚者は大アルカナの各カードが示す教訓と出来事をひとつひとつ経験しながら、意識の進化とともに成長し、成熟していきます。

カードには花柄のチュニックをまとった若者が描かれています。彼は明るい黄色い空を見上げ、太陽を背に幸せに満ちた表情をしています。崖から今にも落ちそうなのに気づいていません。

小さな袋と1輪の白いバラだけをもった姿は、人生の重荷を知らない無邪気さそのものです。この先何があろうと、彼には立ち向かう準備ができています。

広げた両腕は、失敗を恐れず新たな可能性に心を開いていることの表れです。足元で跳ねる小さな犬は崖のふちに向かう愚者に危険を知らせようとしていますが、その崖は、意識の進化のために通らねばならない道であり、人生の試練に立ち向かい前進しようという愚者の覚悟の象徴なのです。

カードからのメッセージ

冒険が始まろうとしています！　愚者は目の前の道がどこにつながるかは知らなくても、それが自分の進むべき道であることを知っています。リスクを恐れないでください。大きな前進に落とし穴はつきものです。失敗は教訓となり、旅の道しるべとなるでしょう。愚者とともに歩く小さな犬のように、あなたのかたわらにはいつも直観がついています。意識の拡大への旅路では、つねに自分の直観に波長を合わせ、そのメッセージに耳を傾けていてください。

逆位置の場合は？

今はリスクを負ったり何かに飛び込んだりする時期ではない、というシグナルかもしれません。変化への恐れがあなたを妨げているか、安全地帯から踏み出すことをためらわせているとも読めます。逆位置の愚者は未熟さを帯びていますが、ひとたびしっかり計画を立てれば前進できるという意味でもあります。

愛情／恋愛

積極的に恋愛のチャンスをつかみなさい、もしくは、既存の人間関係で新たなスタートを切りなさい、という意味です。直観を信じてください。過去は捨て去りましょう。再び始めるのに遅すぎるということはけっしてありません。

キャリア／お金

思いきって新しいことを始めましょう。何もかも順調にいくとは限りませんが、大胆さがあなたのキャリアをステップアップさせる唯一の道です。自分自身の内なる導きを聞き入れれば、ビギナーズラックが舞い込むでしょう。

パーソナル／スピリチュアル

思いきって信じれば、宇宙がかならず支えてくれます。未知の世界を恐れるのではなく、これから出会う試練があなたの意識の拡大と予期せぬチャンスにつながるのだと思ってください。教訓を学ぶことは、人間として、また、スピリチュアル的な進化の一部なのです。

Exercise　あなたは、人生のどの領域で愚者のエネルギーとかかわっていますか？

1

The Magician

魔術師

魔術師は、4つのエレメント（地、風、火、水）と神の力を併せもつ。それらの力を使いこなせば、物質界に無限の豊かさをもたらすことができる。

正位置のキーワード	現実化、創造者、ひらめきによる行動
逆位置のキーワード	自己の力との断絶、力を操作しようとする

数秘術	占星術
1、始まり、個人	水星（メッセージ、コミュニケーション）

カードが示すこと

未知の世界に飛び込んだ愚者は、この絵に描かれた魔術師と出会い、学びを得ます。その学びとは、宇宙の力は自分の内側にあり、みずからの現実をつくり出しているということです！

ローブをまとった魔術師は片手にもったワンド（杖）で空を指し、もう一方の手で地面を指さしています。頭上の無限大のシンボルと身体全体の姿勢は、彼が霊的領域と物質的領域の橋渡し役であることを示しています。

彼の前のテーブルには4つのスートを象徴するアイテムが載せられています。杖（ワンド、火）、金貨（ペンタクル、地）、剣（ソード、風）、杯（カップ、水）――なんと、これらは愚者がぶら下げていた荷物の中身だったのです！ エレメントの力と神の助けを得ることで、魔術師は媒体の役割を果たします。かたちのないものにかたちを与える力、つまり、念を作動させて物質に変える力があるのです。

魔術師を取り巻く草花は自然とのつながりを象徴し、純粋さ（白）と情熱（赤）が創造のプロセスに欠かせないことを表しています。神とつながるとき、すべては可能になります。

カードからのメッセージ

あなたは魔術師です。創造力を発揮するために必要なエレメントはいつでもあなたの指先にある（意のままに使える）のです！　明確な意図と情熱をもって高次とつながり、夢を現実に変えてください。このカードは、あなたが自分で思っているよりもパワフルだということを指摘しています。ひらめきを行動に変えてください。それぞれのエレメントのバランスをとりながら生きることを忘れずに。夢と願望に従って行動を起こすとき、あなたは世界を創造するのです。

逆位置の場合は？

力の誤用や操作、あるいは、何らかの状況を無理やりつくり出そうとする姿勢が指摘されているようです。自分の創造力や願望の実現能力に疑いをもっているか、あるいは、自分自身の重要な部分とつながれなくなっているのかもしれません。今こそ、内なる力の源泉とのつながりを取り戻すべきときです。扉が閉まっていても、別のところにもっとすばらしい扉があるはずです。閉塞感に陥っているなら、エネルギーを注ぐ方向を変えてみましょう。

愛情／恋愛

すばらしい恋の出会いが待っているか、今の関係が再び燃え上がることを意味します。付き合っている人がいるかどうかに関係なく、夢のような関係を現実に変えるために必要なものは、すべてあなたの中にそろっているのです。感情（水）と思考（風）のバランスをとり、安定感（地）と情熱（火）を保つことに専念してください。

キャリア／お金

新たなチャンスを創造できます。もともともっているスキルを総動員して豊かさを育み、繁栄を現実化し、目標達成のひらめきを行動に変えてください。以前から起業を考えていたなら、今がそのときです。昇給や契約の交渉には、自分の価値を把握したうえで臨みましょう。

パーソナル／スピリチュアル

自然や直観と手を取り合うことで、あなたは力を発揮しています。これからは、そのスピリチュアルな習慣をさらに進化させ、神／宇宙とともに現実をつくり出していくことが重要です。

Exercise　あなたは、人生でどんなふうに魔術師を演じていますか？

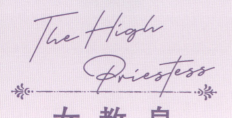

女教皇

女教皇は月のように闇を見通し、隠れたものに光を当てる。そう、あなたの知るべきものはすでにあなたの中にある。

正位置のキーワード	直観、自己認識
逆位置のキーワード	直観との断絶、内面を見つめようとしない

数秘術	占星術
2、二元性、バランス、調和	月（感情、直観、女性エネルギー）

カードが示すこと

　白と黒の2本の柱の間に座る女教皇は、私たちに備わっている二元的な性質のバランスを象徴しています。

　月の満ち欠けを思わせる頭飾りは、乙女から母を経て老賢女へと移り変わる女性の一生を表しています。

　女教皇が身につけたり手にしていたりする十字架とトーラー（律法）という宗教的図像は、デッキがつくられた時代の一般的な信仰を反映すると同時に、女教皇自身のスピリチュアルな実践への献身ぶりを思わせます。

　背後にはザクロ（生殖能力と女性エネルギーの象徴）をあしらったタペストリーがかけられ、その向こう側にある水（感情の象徴）を視界から遮っています。

　足元の三日月は彼女が月のパワーや直観力とつながっていることの象徴です。水を背に座っている彼女には水が見えません。でも見る必要がないのです。内なる感情とつながっているのですから。

カードからのメッセージ

高次とつながることは内面的なプロセスです。自分の内側を見つめていれば、いつでも直観的で次元の高い自己（ハイヤーセルフ）とつながることができます。邪念を払い、ハートに答えを求めよと、女教皇は促しています。答えはすでにあなたの中にあるのです！

逆位置の場合は？

直観との断絶を表している場合がよくあります。自分の外側に答えを求めている、または、他人の導きを当てにしすぎている、他人に影響されすぎているのかもしれません。逆位置の女教皇は、あなたに内なる源泉とのつながりを取り戻すように促しています。たとえ最初は違和感を覚えるとしても、答えはあなたの中にあるのです。

愛情／恋愛

自分の直観に耳を傾けてください。感情的知性（自分の感情を認識し、他者の感情も理解したうえで、適切に対処する能力）が、恋愛の衝動に関する問いの答えを導いてくれるでしょう。現在の交際に関して、あなたの第六感は何を告げていますか？　考えすぎず、分析しすぎず、自分の感覚を信じてください。

キャリア／お金

お金やビジネスの決断を下すとなると、延々と可能性を探っていたくなるかもしれませんが、今は直観に従いましょう。他人の意見を当てにせず、答えは自分の中にあることを知ってください。ビジネスに関して理屈をこねすぎるのはやめにして、直観的に選択しましょう。

パーソナル／スピリチュアル

自分の内面に飛び込み、神聖な導きとつながりましょう。直観力を鍛えていると、スピリチュアルな実践も深みを増していきます。自分を信じてください。にわかには理解しがたい答えにたどりつくとしても、直観の導きに従いましょう。

Exercise　女教皇はどんな内面的なつながりをあなたに求めていますか？

3B

The Empress
女帝

女帝は神聖な女性エネルギーを体現する。自然とつながり、みずからの身体を神聖な器として差し出す彼女は、愛あふれる人生の創造者。

正位置の キーワード	愛を受け取る、創造性
逆位置の キーワード	断絶、創造性の阻害

数秘術	占星術
3、創造性、成長、拡大	金星（愛、美、お金、創造性）

カードが示すこと

　豪華な**クッション**、その周りに**生い茂る木々**、足元に流れ込む**1本の川**――これらは女帝と自然とのつながりを表しています。かたわらには**金星の記号が描かれたハート**が堂々と飾られ、あらゆる愛と美を受け入れる用意があることを伝えています。

　ザクロ模様の流れるようなガウンは、情熱、豊穣（生殖能力）、創造力の象徴です。頭上の**冠の星々**は黄道十二宮を表しています。高く掲げた**笏と開かれた身体**という姿勢には、包容力と自分の性的パワーに対する自信があふれています。

カードからのメッセージ

女帝が発するのは、行動的なエネルギーよりも受動的なエネルギーです。あなたの人生で生まれつつある何かを、せかしたり無理強いしたりせず、じっくり見守ってください。女帝はゆったりと構えています。情熱と創造力が強い磁力となって、望みのものをすべて引き寄せることを信じているのです。

逆位置の場合は？

あなたは自分を愛せなくなっている、または、他者からの愛や思いやりを受け入れられなくなっている可能性があります。創造力とのつながりが断たれているか、賞賛や愛情などポジティブなシグナルを受け取れなくなっているのかもしれません。また、逆位置の女帝は、妊娠の困難さや恋愛のもつれを暗示したり、我慢強さではなく強引さを表したりもします。ものごとを実現させるために男性的なエネルギーに頼りすぎているから、もっと女性的なエネルギーを生かしなさいという意味かもしれません。自然とふれあってください。ものごとには、花開くのに適したタイミングがあることを思い出すでしょう。

愛情／恋愛

愛を受け入れましょう。自分を愛することが恋愛を引き寄せます。また、妊娠しやすい時期でもあります。あなたは自然に自分にふさわしいタイミングで愛を引き寄せるでしょう。

キャリア／お金

予期せぬところからお金や仕事が舞い込み、人生がますます豊かになりそうです。とはいえ、女帝は受容性を表すカードですから、強引にならないように気をつけてください。我慢強さが求められています。

パーソナル／スピリチュアル

自分を愛することを忘れず、もっと創造的な活動に精を出しましょう。創造力、恋愛、自己愛、自然とのふれあいを通じて金星のエネルギーを活用すれば、スピリチュアルな実践を神聖な愛で満たすことができます。外に出て自然とのつながりを取り戻してください。

Exercise あなたは女帝のエネルギーを使って何をつくり出していますか？

4

皇帝

重厚な玉座に座る皇帝は、まとったローブの下から鎧をのぞかせる。地に足を着けながらも、いつでも行動を起こす準備はできている。

正位置の キーワード	ひらめきによる行動、 個人の力
逆位置の キーワード	行動力の欠如、 防衛的／受動的

数秘術	占星術
4、安定感、構造	牡羊座（個人主義、個人の力）

カードが示すこと

皇帝は神聖で行動指向型の男性的なエネルギーを体現しています。

硬そうな玉座は安定感を象徴し、雄羊の飾りは占星術の牡羊座とのつながりを表しています。背後には荒涼たる風景が広がっていますが、一筋の水の流れが見えます。この水の流れは感情と直観を象徴し、いざとなれば皇帝がひらめきを得て行動に移れることを物語っています。

頭に載せた冠、左手の宝珠、右手の笏は権威と権力を表し、ローブの下からのぞく鎧はいつでも戦闘に乗り出す覚悟があることを示しています。

カードの色合いにも注目してください。赤とオレンジは物質界における力、権威、自信を象徴しているのです。

カードからのメッセージ

皇帝のカードに象徴される神聖な男性エネルギーとつながることで、あなたは恐怖に突き動かされるのではなく、みずからの力を頼りに行動を起こせるようになります。そのためには、自分の中にある男性的なエネルギーと健全な関係を結び、堂々と生きる必要があります。自分の内なる権威とつながりましょう。野心、欲求、力を認め、自分のためだけでなく、より大きな善のために役立ててください。

逆位置の場合は？

内なる力とのつながりが断たれているか、行動を起こす能力が足りないという暗示かもしれません。自分の足で立ち上がれるよう、状況をコントロールできるよう、大胆で自信に満ちた男性的なエネルギーを取り戻してください。一方、恐怖や怒りから生じる有害な男性的エネルギー、力の乱用、保身、未熟な反応などを示している場合もあります。

愛情／恋愛

大胆に行動しましょう。情熱の声に耳を傾けてください。あなたは自分で思っているよりずっと大きな恋愛のパワーをもっています。相手に対して強引すぎるか、逆に積極性が足りないとすれば、男性的なエネルギーのバランスを保つ必要があります。直観が最適なエネルギーのさじ加減を教えてくれるでしょう。

キャリア／お金

目標に向けて直観的な行動のタイミングを計っていたとすれば、今がそのときです。声を上げるか、リーダーの役割を全面的に引き受けてください。キャリア関連の課題に積極的に取り組めばあなたに有利に運びます。今こそ行動を起こし、ほしいものを手に入れてください。

パーソナル／スピリチュアル

能動的で男性的なエネルギーを活用できるように、自分を肯定し、自信や意欲を育ててください。あなたはもっと存在感を発揮していいのです。自分で自分の人生の権威になりましょう（他人に従ったり、他人の意見を優先したりする必要はありません）。

Exercise　あなたは自分のどんなところが皇帝のカードと重なると思いますか？

77

5

The Hierophant
司祭

司祭は神殿の高座から、熱心な弟子たちに聖なる知識を分け与える。霊(スピリット)とのつながりをもつ彼は、天と地の間に橋を架ける。

正位置の キーワード	教師、伝統
逆位置の キーワード	頑なな信念、学ぼうとしない

数秘術	占星術
5、対立、奮闘、挑戦	牡牛座(伝統的、地に足の着いた、頑固な)

カードが示すこと

「司祭」はもともと秘儀や奥義の解説者を意味しますから、このカードは知識の継続的な探求を連想させます。

女教皇と同じく、この司祭も神とほとんどつねにコミュニケーションをとっています。ただし、女教皇が直観を通じて知識を得るのに対して、司祭は学びを通して知識を獲得します。彼は伝統を守り、儀式に参加し、古くからの教えを他者に伝えるのです。

伝統的な法衣姿の司祭は高座に腰を据え、低いところに座る2人の人物に霊的な教えを授けるのに忙しいようです。宗教的図像——鍵、職杖(しょくじょう)、手印(しゅいん)(手のポーズ)、十字架など——は、司祭の霊性に対する純粋さと献身を象徴しています。

強い信仰心と厳格な教義をよりどころに生きる彼は、伝統的な学問の道を歩むとき、この上なく幸せなのです。

カードからのメッセージ

学びの道に終わりはありません。新しいものにつねに心を開く一方で、伝統も重んじ、さらには、あなた独自の信念と儀式をつくり上げてください。学ぶ準備ができたら、あなたの人生に新たな教師が現れるかもしれません。見逃さないようにしましょう。あるいは、あなたが誰かに知恵を分け与える立場で、その教師はあなた自身という可能性もあります。

逆位置の場合は？

霊的な成長の途中で遠回りを余儀なくされるか、学びの進路をふさがれることを意味する場合がよくあります。あるいは、頑なな信念をもっている、別の情報に断固として耳を貸さない、新しいものを学ぼうとしないとも解釈できます。心を開き、異なる見解を尊重しなさいと諭されていると思ってください。

愛情／恋愛

結婚のこととなると、あなたは恋愛とパートナーシップに関して強い信念をもっているのかもしれません。あるいは、恋愛においては伝統的な道をたどることに熱心であるとも読めます。また、あなたが教師または生徒のように思っている相手と恋愛関係に発展することを暗示している場合もあれば、つねに互いから学び合えるような関係が芽生えることを表している場合もあります。

キャリア／お金

伝統的な昇進の道や成功の階段を表しています。また、今のキャリアを発展させるために、人にものを教えてお金を稼ぐか、学校で学び直すか、新たなテーマを学びなさい、という意味にもとれます。

パーソナル／スピリチュアル

ヒーリングの方法を学んだり、関連の講座を受けたりして、霊性を深めてはどうでしょうか？　あなたが人にヒーリング術（心身の治癒術）を教えるか、スピリチュアルな導きを提供するのもいいでしょう。人生に新たな教師を迎え入れるのに最適な時期です。出会いのかたちはさまざまに考えられます。

Exercise

司祭はあなたに問いかけています。学ぶ準備はできていますか？　何を学ぼうとしていますか？

⑥ The Lovers
恋人たち

仲良く並んで立つ恋人たち。男性原理と女性原理がバランスよくハーモニーを奏で、隠すべきものは何もない。2人が下す選択はつねに愛と調和している。

正位置のキーワード	人間関係、調和
逆位置のキーワード	不調和、アンバランス

数秘術	占星術
6、調和、もちつもたれつ、ミラーイメージ（互いに相手の中に自分の姿を見る）	双子座（二元性、コミュニケーション、適応性）

カードが示すこと

あなたが最も幸せで、健康で、自分らしくいられるようにとサポートしてくれる、そんな人間関係に恵まれるでしょう、というカードです。

ここには1組の男女が裸のまま、庭の生命の木と知識の木の間に立っている姿が描かれています。

木に巻きついた蛇が現世的な快楽への誘惑を象徴するのに対して、天使は2人に刹那的な満足よりも神聖な愛を選択するように促しています。

欲望が暴走しないのは、互いに相手に自分の弱さをさらけ出せるという信頼がバランスをとっているからです。どちらの性質も調和のとれた人間関係の特徴です。

カードからのメッセージ

神聖な愛と調和したければ、自分の中にある男性的なエネルギーと女性的なエネルギーのバランスをとり、そのバランスが相手との関係性に反映されるようにすればいいのです。互いを尊敬し、健全なコミュニケーションをとれる関係を選んでください。そうすればあなたが求める最高の愛が見つかります。

逆位置の場合は？

アンバランスな関係、あるいは、共依存関係を示唆している可能性があります。自分のニーズを満たすためにパートナーに頼りすぎているか、相手との関係に非現実的な期待を抱いているのかもしれません。バランスの乱れを修正するために、自分の内面に目を向け、不調和の出所を突き止めてください。幸福はあなたの内側から生まれ、外側の現実（人間関係）に映し出されます。

愛情／恋愛

ロマンチックな結びつきや愛のチャンスが訪れようとしているか、すでに目の前にあります。自分の価値観に対して選ぶべき関係性を尋ねてください。このカードは重要な人間関係やソウルメイト、あるいはこれからあなたの人生に登場しようとしている人物を表している可能性があります。

キャリア／お金

職場の誰かと恋愛関係に発展するか、恋愛の相手と仕事をするのかもしれません。また、有益なビジネスパートナーや同業者との提携という意味もあります。あるいは、大好きなことでお金を稼ぐ可能性も。

パーソナル／スピリチュアル

すぐに手に入る満足よりも神聖な愛を選びなさいと指摘しています。あなたの中にある男性的なエネルギーと女性的なエネルギーのバランスをとれば、最適な人間関係を引き寄せられるでしょう。

Exercise

恋人たちは語り合っています。
互いにどんなことを話していると思いますか？

7

The Chariot
戦 車

戦車のカードは伝える。直観に導かれて行動を起こすとき、あなたは戦車という構造に守られていると。

正位置の キーワード	ひらめきによる行動、勢い
逆位置の キーワード	前進できない、停滞
数秘術 7、個人の成長、計画する、評価する	占星術 蟹座（育てる、保護的、直観的）

カードが示すこと

　勢いを象徴する戦車のカードは、あなたに行動計画を練り始めるように告げています。

　鎧に身を固めた男性が戦車を操り、戦いに赴こうとしていますが、戦車自体に動きは見られません。つまり、行動に移る前にしっかりした計画が必要なことを表しているのです。

　戦車の前の **2頭のスフィンクス** もじっと地面に伏せています。動きがあるとすれば互いに反対の方向へ向けられたスフィンクスの視線だけです。2頭は周囲を見渡して、向かうべき方向を検討しているようです。

　後方に **流れる川** は感情の象徴であり、性急な行動より、まず直観の導きを待つように示唆しています。

　戦士の頭上にある **星模様の天蓋** は、宇宙に導きを求めることの価値を表し、戦士の **鎧** は、固い殻に守られた蟹座とのつながりを連想させます。

カードからのメッセージ

あなたは重要な旅に出ようとしているか、人生の目標の次のレベルに進もうとしています！ 戦車はあなたに、明確な意図と焦点を定め、行動計画をもつように促しています。一途な決意だけでは成功をめざす推進力としては不十分です。しっかりした土台と構造があってこそ、大きな決断が下せるのです。何から手をつければいいか分からないなら、自分の直観に耳を傾け、次にとるべきステップを尋ねましょう。

逆位置の場合は？

特定の目標に関して自信がない、もしくは、全体的に焦点や方向性が定まっていないことを表している可能性があります。もっと具体的に計画を立てない限り勢いは出ない、と告げているのです。成長するため、前向きな行動を起こすためには、衝動をコントロールする必要があるようです。その一方で、逆位置の戦車は、性急な行動をとる、重要なステップを飛ばす、躊躇して行動しないことへの警告とも解釈できます。

愛情／恋愛

ある人との関係が急速に深まっているようです。でも、その人はあなたと同じ未来を思い描いているでしょうか？ 関係を次のレベルに発展させる前に、2人の間に強固な基盤を築き、しっかりした計画を立ててください。

キャリア／お金

今こそ、簡潔で明瞭なビジネスプランを立てながら、キャリアや収入の目標に向けて、ひらめきを行動に移すべきときです。成功は焦点、決意、明確な意図から生まれます。

パーソナル／スピリチュアル

直観力のレベルを上げる用意が整いました。つまり、あなたの人生が勢いを増し始めたということです。前進するという決意のもとでスピリチュアルな実践に取り組んでください。そうすれば自信をもって人生の次の段階に向かえるでしょう。

Exercise 戦車はどこへ向かっていると思いますか？

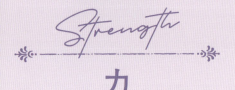

力

力のカードは教えてくれる。筋肉の大きさではなく、ハートの強さが重要なのだと。勇気を出せば、あなたに乗り越えられない障害はない。

正位置の キーワード	障害を克服する、持久力
逆位置の キーワード	不安、自信のなさ

数秘術	占星術
8、進歩、断固たる行動	獅子座（勇気ある、ハート主導の）

カードが示すこと

　白いローブ姿で髪と身体に花を飾った女性（白と花はどちらも心根（ハート）の純粋さを表しています）が、ライオンの口を優しく閉じることによって、みずからの力を誇示しています。

　彼女は受動的で女性的なエネルギーを象徴しますが、そこに弱さはありません。何の恐れもためらいも見せず、両手は勇敢にも野獣に置かれています。

　身をよじらせ、なすがままのライオンの姿は、女性の接触が脅威ではないことを示しています。彼女の頭上には無限大のマークが浮かび、私たちの内側のエネルギーがつねに外側の世界に現れることを思い起こさせます。彼女の内面の穏やかさは世界との向き合い方に現れているのです。

　障害に対して堂々と立ち向かい、冷静に行動することが、誰にとってもポジティブな結果をもたらすでしょう。

カードからのメッセージ

あなたは自分で思っているより強い人です！ 人生は挑戦の連続ですが、自分自身を信頼していれば、どんな状況にも対処できるのです。無限大のマークは、内面的にも外面的にも闘いを乗り越えられる力があなたにあることを示しています。力のカードは、恐れを抑えつけるのではなく、恐れと向き合うように求めています。たとえ自信が揺らぎかけても、勇気を出して前進せよと言っているのです。

逆位置の場合は？

自信をなくしているか、自分自身に対する信頼が揺らいでいる、もしくは、宇宙に信頼を置くことをためらっているのではないでしょうか？ また、行動を起こすことを恐れている、気が弱くなっている、あるいは、傷つきやすさを認めたくない、とも読めそうです。

愛情／恋愛

自信をもって、新しい出会いを受け入れましょう。パートナーに弱さを見せることを恐れないでください。2人を隔てる壁を乗り越えたいなら、本心を分かち合いましょう。

キャリア／お金

自分のキャリアに自信をもち、粘り強く取り組んでください。あなたの声にはパワーがあります。強くしなやかなアプローチをとれば、収入面でのレベルアップも期待できるでしょう。仕事上のどんな障害をも乗り越え、成功を勝ちとることができますから、諦めたり、自分の力を疑ったりしないでください。

パーソナル／スピリチュアル

あなたは人生を大きく変えようとしているか、高次とのつながりを最大限に深めようとしているよう。いずれにしても、試練を乗り越えるために必要なものはあなたの内側にそろっています。勇気をもって、自分の内なる力を信じましょう。でも弱さを見せてもかまわないのです。恐れは恐れとしてありのままに認めたうえで、とにかく行動を起こしましょう！

Exercise　あなたの人生の中で、このカードが示す「力」を発揮できるのは、どんな領域ですか？

⑨ The Hermit
隠者

隠者は賢い。独りであることと孤独の違いを知っている。独りわが道を行くこと、つまり孤高は明晰な意識の伴（とも）なのだ。

正位置の キーワード	知恵、孤高
逆位置の キーワード	孤独、孤立

数秘術	占星術
9、完成間近、孤高	乙女座（分析力がある、勤勉、我慢強い）

カードが示すこと

　孤高を保つからこそ得られる知恵がある——これが隠者のカードが示す教訓です。ここには、長い杖をもち、ランタンを掲げて独り歩く年老いた男が描かれています。

　ランタンは前方だけを照らし出し、真理の道を彼に教えています。重ねた年は知恵の深さの象徴であり、杖は力を表しています。

　彼の力は、自分の内面を見つめ、自己を頼りにし、とてつもない忍耐をもち続ける能力にあるのです。

カードからのメッセージ

多くの人が独りでいるのを恐れています。でも今のあなたには、独りになって内面を探究する必要があります。そうすれば自信を取り戻し、内なる真理と深くつながれるでしょう。独りの時間を過ごし、自分の内なる知恵に耳を傾けることは、必要かつ健全な習慣であり、若さを取り戻すことにもつながります。誰かといっしょに過ごすべき時はまためぐってきます。そのときあなたは自分のエネルギーが回復したことを感じるでしょう。

逆位置の場合は？

独りになることへの恐れや自分の内面を見つめることへの拒絶を意味する場合もあれば、現にあまりにも長い間、孤立してきたという事実を表す場合もあります。後者だとすれば、そろそろ誰かにサポートを求め、つながりをもつべき時期です。2つの意味のどちらが思い当たりますか？　直観に耳を傾けてください。

愛情／恋愛

今は独りでいることが最善の選択です。自分だけのスペースをつくり、みずからの真理と向き合ってください。恋愛はしばらくお休みにして、自分の魂と向き合うことに専念しましょう。パートナーと離れて過ごすと、前よりも強い絆を結べるようになります。

キャリア／お金

もちまえの知性にもっと耳を傾け、生来の好みを大切にしましょう。他人の意見をシャットアウトすることをためらわないでください。昇進を狙っているとか、投資を考えているとか、新しいアイデアを試そうとしているなら、誰の許可もいりません。行動に移しましょう。誰かと共同作業をするより単独作業が今は正解です。

パーソナル／スピリチュアル

あなたは自分の魂の目的と内なる真理を探し求めるプロセスの真っただ中にいます。瞑想や長時間の散策を通じて、内面を見つめるために必要な時間をたっぷりとりましょう。内なる神聖な知恵を活用できるようになるはずです。

Exercise　隠者があなたに授けるべき知恵とは何でしょうか？

10

Wheel of Fortune
運命の輪

運命の輪はつねに回り続ける。その姿は、一瞬のはかなさや、人生が直線ではなく循環するものであることを物語っている。今という瞬間に身をゆだねなさい。

正位置のキーワード	サイクル、変化
逆位置のキーワード	遅延、後退

数秘術	占星術
10、1つのサイクルの完結	木星（幸運、拡大、成長）

カードが示すこと

運命の輪は人生の移り変わりを説いています。神秘主義、占星術、オカルトの象徴性に富んだ絵柄は、人生に影響を及ぼす力の多くが謎に満ち、目には見えないものであることを伝えています。雲間を漂う輪は霊的な道が物質界とつながっていることを表しているようです。カードの**四隅に描かれた生き物**は、占星術の水瓶座（風）、蠍座（水）、牡牛座（地）、獅子座（火）に相当し、中央の輪を安定的に支える力となっています※。

輪の下にはエジプト神話に登場する**冥界の神アヌビス**（死者の魂を導き、新たな命を与えるとされる）が描かれ、生と死と再生を象徴しています。輪の頂点に座る**スフィンクス**は多面的な生き物として、生命の多様性を表しています。**下向きの蛇**は誰もが直面しなければならない人生の試練の象徴です。

こうしてあらゆる生物とシンボルが輪の周りを回りながら、人生には絶えず変化するサイクルの中で浮き沈みがあることを教えてくれています。私たちは時の移ろいやすさを受け入れなければなりません。変化だけがただ1つの変わらぬ真理なのです。

※四隅に描かれた人、鷲、牛、獅子は、『聖書』に登場する4種の有翼の生き物テトラモルフに由来し、世界を構成する4つの元素と、占星術で不動星座と呼ばれる4つの星座に対応するとされる

カードからのメッセージ

強力なスピリチュアルの実践を習慣にすると、ネガティブな瞬間にさえ安らぎを感じ、ポジティブに楽しめるようになります。そして、不安や試練を乗り越える勇気が湧いてきます。人生のサイクルをより深いレベルで理解することが、私たちを強くし、立ち直りやすくするのです。運命の輪はあなたに訴えています。自分のコントロールの及ぶ事柄にだけ専念することが、不確実な要素の多い時期に心の平安を見出し、コントロール不可能なものを手放すために必要なのだと。そうすれば、運命を捻じ曲げようとせず、起こるべくして起こる出来事や出会いに心を開くことができます。

逆位置の場合は？

混沌とした状況では、自分のコントロールが及ぶものごとに専念することが重要です。あなたは、何かを終わらせるのを拒んだり、成長することに抵抗したりしていないでしょうか？ 周囲では何もかもが変化していて、そのせいであなたは落ち着かないのかもしれません。でも、その不安定さは一時的なものです。今、終わりつつあるものが、新たな何かが生まれるスペースをつくり出すでしょう。

愛情／恋愛

新たな恋のチャンス、または、運命的な出会いがありそうです。ただし、恋愛の1つのサイクルの終わりを象徴している場合も。もしくは、以前から続いていた関係が新たなフェーズ（段階）に入りつつあるのかもしれません。あなたの恋愛運が変わりかけていて、悲しみの後に新たなすばらしい経験が待ち構えている可能性を示しています。

キャリア／お金

新たな始まりや運命的な出来事が展開し、幸運、仕事のチャンス、思いがけない富が舞い込みそうです。キャリアや収入の面で1つのサイクルが終わり、次のサイクルへ移ろうとしています。諦めずにこのまま進みましょう。潮目は変わりつつあります。

パーソナル／スピリチュアル

運命はあなたを進むべき方向へ導いています。人生への理解と信念を新たにしたあなたは、苦痛の時期から調和の時期へ移ろうとしています。人生のプロセス、死と再生のサイクルを信頼してこそ、新たな人びとと出会い、状況の変化を受け入れられるのです。

Exercise　運命の輪に1つだけ質問するとしたら、あなたは何を尋ねますか？

11

Justice
正義

正義のカードは示している。真理を守り、真理に尽くし、神聖なバランスを取り戻したとき、正義は貫かれると。

正位置の キーワード	真理、バランス
逆位置の キーワード	アンバランス、不当な扱い

数秘術	占星術
1+1＝2、女教皇（2）とのつながり	天秤座（バランス、真理、パートナーシップ）

カードが示すこと

不安定だったものがバランスを取り戻す——それがこのカードのメッセージです。1人の人物が2本の柱の間に座り、一方の手で真理の剣を、他方の手で正義の天秤をもっています。彼女は真実の探求において客観的であろうとする裁判官のようです。

身にまとった赤い法衣は彼女の堅実さの象徴です。一方、黄色い冠とカーテンの後ろからのぞく黄色い背景は、物質界に存在する霊的な要素との調和を表します。剣の存在は彼女が感情よりも論理を優先することを示し、頭上の冠と相まって、理性の力を強調しています。

カードからのメッセージ

　論理を使い、客観性を保てば、ひとつひとつの状況で真理を明らかにできるでしょう。法的な事柄や対人関係に関する未解決問題で、ポジティブな結果が待っていることを示しています。あなたに必要なのは、自分に正直でいること、そして誠実に行動することだけです。不均衡な状態が解決され、あなたにとって有利な状況が展開していると信じましょう。

逆位置の場合は？

　バランスを見つけるための奮闘努力を表しているようです。最近、何か不当なことが起きたか、自分の倫理観にそぐわない出来事があったのではないでしょうか？　その出来事が人生にどんな意味をもたらすかは、あなたの直観が教えてくれるでしょう。意味が判明したら、その状況を取り巻くエネルギーを変化させる方法を探れるようになります。ただし、どんなに頑張っても、困難な問題が生じてくる場合もあります。

愛情／恋愛

　ケンカや意見の不一致が解決に向かいそうです。あなたにとってアンバランスだった関係性が解消され、自分のニーズを伝えられるようになるか、もしくは、あなたのほうが相手の意見に耳を貸せるようになって、互いに有益な歩み寄りが実現するでしょう。2人の間に一定期間の不協和音はあったものの、今のあなたには仲直りが可能なのです。

キャリア／お金

　公正な合意が成立し、論争が解決しようとしています。職場にバランスをもたらす、ビジネスの場で真理を語る、法的な問題にポジティブな結果を求める、といったことが考えられます。あるいは、キャリアの前進につながるような契約にサインするのかもしれません。

パーソナル／スピリチュアル

　過去と和解する、内面的なバランス・調和・ハーモニーを見出す、カルマの契約※を果たす、といった意味があります。あなたの内面に関するリーディングの場合、スピリチュアルな領域のバランスを取り戻すよう指摘しています。

※魂がこの世に生まれ変わるとき神との間で交わした約束

Exercise　あなたは人生のどの領域に正義を求めていますか？

12
The Hanged Man
吊るされた男

逆さに吊るされると、ものごとを振り返り、新たな視点から見られるようになる。

正位置の キーワード	待機、見方を変える
逆位置の キーワード	短気、不活発

数秘術	占星術
1＋2＝3、女帝（3）とのつながり	海王星（夢、幻想）

カードが示すこと

　宙ぶらりんになることの思いがけない効用を表すカードです。吊るされた男の姿は、ものごとのとらえ方を変えるのに適した時期があることを表しています。

　男は片足を生命の木に縛られ、逆さに吊るされています。おそらく後ろ手に縛られているのでしょう。自由なほうの脚は縛られた脚の後ろに折り曲げられていますが、力を抜いて休憩しているようです。

　その顔には、どこにも行けないからこそ静かにものを考えていられると言いたげな表情が浮かんでいます。彼は苦しんでいるというより、穏やかに物思いにふけっているのです。頭の周りの黄色い輝きは、この一時停止の時間にスピリチュアルな気づきが生じつつあることを示しています。今は流れに逆らうより、身を任せるときなのです。

カードからのメッセージ

前進を望めない時期は、自分の置かれた状況を新たな視点から眺めるチャンスです。好奇心を発揮してください。この待機を余儀なくされている時期に学んだことが、新たな直観力をもたらします。今の状況に身を任せ、何もしないひとときに平安を見出しましょう。行動と変容にふさわしい時期はいずれめぐってきます。

逆位置の場合は？

現状に逆らうな、無理やり推し進めるなという警告です。遅れは悩ましいものですが、神は、あなたがこれまでに見過ごしてきた何かを見せようとしているのです。あなたはすぐにでも旅の続きを始めたいと焦るかもしれません。でも、心を落ち着かせ、直観のメッセージに耳を傾けてください。静止と静寂の中に得られるものはたくさんあります。

愛情／恋愛

現在の状況がまったく動かないのは理由があってのことです。今は宙ぶらりんな気持ちと向き合いましょう。この状況はあなたに何かを教えようとしています。今は前進するべき時期ではない、つまり、別の視点から自分の状況を眺められるようになるということです。たとえ不快に感じられるとしても、自分に必要な停滞だと信じてください。

キャリア／お金

待つことがよりよい結果をもたらします。この待機期間を利用して、さまざまな角度から自分の状況を眺め、視野を広げてください。お金やキャリアに関して性急に決断を下すべきではありません。行動せよという明確なシグナルがあるまで待ちましょう。

パーソナル／スピリチュアル

思いがけない中断期間の先に、新たな直観力がもたらされるようです。別の視点で自分の状況をとらえたとき、あなたの信念は広がります。現状についてじっくり考え、できるかぎり今この瞬間に身をゆだねてみましょう。

Exercise　あなたが直面している困難な状況に、吊るされた男はどのような視点を与えてくれそうですか？

13

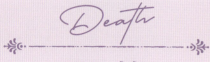

死神

死神は変容の究極のかたち。死は再生へとつながる解放のサイクル。

正位置の キーワード	変容、解放
逆位置の キーワード	過去にしがみつく、 変わろうとしない

数秘術 1＋3＝4、皇帝（4）とのつながり	占星術 蠍座（変容、力、保護）

カードが示すこと

　死神はおそらくタロットの中で最も誤解されているカードの1つでしょう。また、象徴性に富んだカードでもあります。死神は黒い鎧をまとった骸骨姿で馬にまたがり、死者やひん死の人びとの間を黒い旗を片手に進んでいきます。
　旗に描かれている花とトウモロコシは、私たちの人生の成長と収穫の季節の象徴です。聖職者が死神に何か懇願しているように見えるのに対して、そばでひざまずく子どもと若い女性は、生から死への移り変わりに対する無邪気さを感じさせます。遠くでは、顕在意識と潜在意識を象徴する2つの塔の間に朝日が顔をのぞかせています。馬上の骸骨の顔は聖職者の法衣と同様に黄色に彩られ、悟りの境地を表します。
　死神を乗せた馬は、変容を受け入れることで得られる自由の象徴です。馬上の死神が聖職者を見下ろしている構図は、悟りとは伝統的な宗教の教えを超越したものであることを示しています。昇る太陽は、死神の黒い鎧とは対照的に再生に光を当て、それまで隠れていた影の部分が今や堂々と姿を現そうとしていることを意味します。死神は絶え間ない変化によって守られています。私たちも変容を続ける限り守られるのです。

カードからのメッセージ

人生は死と再生の繰り返しであり、変化は自然の摂理です。季節が移り変わるように、あなたも自分の道を歩みながら、変化し、成長していきます。死神はあなたに、その変化のサイクルに身をゆだね、人生ですでに目的を果たさなくなったものを手放すように促しています。それは簡単なプロセスではないでしょう。でも安心してください。手放したものの代わりに、人生の次のフェーズにふさわしい何かがやってきます。

逆位置の場合は？

あなたは手放すべき何かにしがみついているようです。前進を拒んでいるか、過去に執拗にこだわっている可能性があります。誰しも変化を受け入れるのは恐いものです。でも、抵抗を続ければ、1つのサイクルの終了を長引かせ、苦痛を増大させることになります。手放してください。宇宙と自分自身を信じましょう。

愛情／恋愛

人間関係が大きく変わることを告げています。その変化はおそらく急激に、または、予期せぬかたちでやってくるでしょう。何かを手放すのはつらいかもしれません。でも、手放せば、別の美しい何かが花開く余地ができます。終わりは始まりでもあるのです。

キャリア／お金

キャリアの1つのフェーズの終了には悲しみが伴うかもしれません。でも、それは次のフェーズを迎えるための再生と変容のサイクルの一部なのです。死神のカードは断言しています。今が動くべきときだと。

パーソナル／スピリチュアル

あなたは自己変容のプロセスの真っただ中にいます。古びて役に立たなくなった思考や行動のパターンを手放すことになりそうです。過去へのこだわりを一掃することで、新たなスタートを切る余裕が生まれようとしています。

Exercise

現在、あなたが経験している変容のプロセスについて、死神のカードに1つだけ質問するとしたら、何を尋ねたいですか？

14

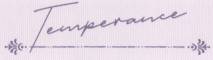

節 制

節制のカードは語りかける。天使に助けを求め、バランスのよいアプローチをとれば、独りで頑張るよりもよい結果が得られるだろうと。

正位置の キーワード	節度、調和、 天が定めたタイミング
逆位置の キーワード	アンバランス、 強引に結果を求める

数秘術	占星術
1＋4＝5、司祭（5）とのつながり	射手座（冒険、高次の知恵と真理を探究する、楽観主義）

カードが示すこと

　節制のカードは前途の有望さを表していますが、私たちがその道を歩むには、神に助けを求める必要があります。

　この絵の天使は、一方の足を地面に着け、もう一方の足で水の中に立ち、手にもった2つのカップの間で水を行き来させています。同時に両方向に流れているように見える水は、神とつながることで不可能を可能にする錬金術のプロセスを象徴しています。

　このカードは、あなたが思慮深く節度ある道を選べば、神が手を差し伸べ、あなたの代わりに行動を起こしてくれると教えています。それが霊的な世界における錬金術の仕組みなのです。

カードからのメッセージ

人生で何かを達成しようというとき、独りで頑張ってはいけません！ 高次の存在に助けを求め、兆しを探してください。目の前にその兆しが現れたときには、直観に従って行動しましょう。柔軟な姿勢と節度あるアプローチが必要です。望みが叶うまでには時間がかかります。辛抱強く待ちましょう。あなたの願望を実現するために宇宙が仕事にとりかかろうとしています。

逆位置の場合は？

あなたは頑張りすぎているか、無理やりものごとを押し通そうとしているようです。今はリラックスして、天が定めたタイミングに任せるべきときです。あるいは、あなたは進むべき道からそれてしまっているのかもしれません。軌道修正のために何らかの節制が求められているとも解釈できます。バランスを取り戻し、極端な状況やふるまいは避けなさいと、アドバイスしているのです。

愛情／恋愛

今は強引に関係を深めようとしないでください。宇宙の力があなたの人生に恋愛をもたらすために舞台裏で働いています。神聖なタイミングが訪れるのを信じて待ちましょう。すでに付き合っている相手がいるなら、今の関係にはもっとバランスと調和が必要です。望みを叶えられるように宇宙に導きを求めてください。

キャリア／お金

今、あなたの仕事とお金の鍵を握っているのはタイミングです。豊かさとキャリアのチャンスが開けるように、高次にメッセージとサポートを求めてください。我慢強さと信念が試されているのです。自然の成り行きに任せていれば、豊かさがあなたの目の前に広がってくるでしょう。

パーソナル／スピリチュアル

あなたは特定の事柄で悩んでいるか、漠然とした迷いを感じているようです。どちらにしても、高次とのつながりを求めるのにこれほど適したタイミングはありません。高次からのメッセージを受け入れてください。直観という案内役に従って、最高の自分へとつながる道を前進しましょう。宇宙の計画に身をゆだねてください。

Exercise

バランスをとること、天のタイミングを信じることについて、あなたは節制のカードから何を学びますか？

15

The Devil
悪魔

悪魔は、あなたが自分で自分を縛りつけ、自己破壊に及んでいる人生の領域を示す。それを理解したとき、あなたは自分を解放できるのだ。

正位置の キーワード	妨害、耽溺(たんでき)
逆位置の キーワード	解放、自由
数秘術 1＋5＝6、恋人たち（6）とのつながり。1枚のコインの表と裏。光と闇	占星術 山羊座（野心的、悲観的、責任）

カードが示すこと

悪魔は誤解されることが多く、不吉な予兆と広く信じられているカードの1つです。でもほんとうの意味を理解すれば、恐れる必要などないことが分かります。

このカードが描き出しているのは悪魔的なものごとなのです。**人間に似た上半身**に**角と翼**をもち、下半身は獣という姿は、私たちが悪魔化したり、恐れたりするものを象徴しています。悪魔の頭を飾る**逆さまの五芒星（星形五角形）**は闇のエネルギーとのつながりを表しています。

その足元に立つ**鎖**でつながれた**男女**は恋人たちにそっくりです。鎖で悪魔につながれている2人の姿は、私たち人間の耽溺しやすさ、自己破壊的な行動、不健全な対処メカニズム、恐怖を象徴しています。この鎖から自分自身を解放できるのは、あなたが気づきを深め、自分の行動に責任をもったときだけです。あなたの内面のどこにズレが生じているかを悪魔のカードは教えているのです。

98

カードからのメッセージ

自己破壊的な思考や行動を暗示するカードです。直観を使って自分に問いかけてみてください。不健全な習慣や対処メカニズムを繰り返していないでしょうか？　自己破壊的な行動につながる恐怖を突き止めてください。それはかならずしも恐ろしいプロセスではなく、むしろ光を当ててくれる可能性があります。悪魔のたいまつは闇を照らしているではありませんか。

逆位置の場合は？

希望を新たにするとか、有害な・不健全な状況から脱却するという吉兆を表している可能性があります。古くなった破壊的な思考・行動パターンから自由になるということです。あるいは、苦渋の決断や不人気な決断が、結果として最善な選択につながることを示唆している場合もあります。

愛情／恋愛

不健全な関係や有害な関係の存在について警告を発しています。愛情より欲望優先の関係、共依存、支配的なパートナーなどが考えられます。一方、寝室での主導権交代などの実験が健全な関係に刺激を与えるとも解釈できます。

キャリア／お金

あなたはお金に対して不健全な関係を育てているか、仕事中毒に陥っているようです。支配的な上司や有害な職場環境から自分を解放しなさいという警告かもしれません。おそらく、あなたは間違った理由で仕事を続けているのではないでしょうか。

パーソナル／スピリチュアル

有害な思考パターンや不健全な対処メカニズムについて、考えるべきときが来たようです。自己破壊的な行動を続けている根本的原因にたどりつき、呪縛から自分自身を解放してやってください。あなたのやっていることは一時的には気持ちよくても、後々、ネガティブな影響を及ぼさないでしょうか？

Exercise

悪魔があなたに気づかせようとしている
不健全な執着とは、何でしょうか？

16

The Tower

塔

塔のカードは訴える。何かが崩れ落ちれば、別の何かが解放されるのだと。

正位置の キーワード	大混乱、突然の変化
逆位置の キーワード	しがみつく、 手放すことを恐れる

数秘術	占星術
1＋6＝7、戦車（7）とのつながり。コントロールと変化の関係性を示唆	火星（攻撃性、外へ向けた行動、男性的なエネルギー）

カードが示すこと

塔はタロットの中で3番目に誤解されているカードです。ここに描かれているのは、崩壊であり、安定感の喪失であり、激しいコントロール不能状態です。突然の変化によって自分の安全地帯が足元から崩れ落ちていくのは、恐ろしいし、動揺するでしょう。でも、その瞬間、あなたは成長と拡大を経験しているのです。

このカードには、高い石造りの塔に雷が落ち、てっぺんを覆っていた冠が落下していく様子が描かれています。炎を上げる塔からは、恐怖の形相を浮かべた2人の人物が行きつく先も分からぬまま飛び降りています。塔はあなたの人生を支えている構造的な基盤を、雷に打たれる王冠は傲慢な自我（エゴ）の崩壊を象徴しています。

いったん粉々に崩壊してこそ、私たちは新たな一歩を踏み出し、旅の次のフェーズに進むことができるのだと、このカードは告げています。塔は、もはや成長の支えにならなくなった古い構造をすみやかに崩壊させるのです。

カードからのメッセージ

突然の変化を予告しています。あなたはその変化をコントロールできず、一時的に不安定な状態に陥りそうです。でも踏ん張ってください。今、何かが崩壊しかけているのは、あなたにとってもはや役に立たないものだからです。考え方や生き方が刷新されようとしています。その新たな構造があなたの成長と拡大の支えになるでしょう。

逆位置の場合は？

影響力は正位置に比べて微妙なものになるか、破壊力が多少は弱まりそうです。一方、あなたが今起きている変化を何とかしてやり過ごそうとしていることを表す場合もあります。変化は避けられないのに、それと向き合おうとせず、旧来の生き方ややり方に固執していないでしょうか？　今の変化に不安を感じるとしても、「受け入れなさい」と逆位置の塔は告げています。あなたは向かうべき方向に導かれているのです。

愛情／恋愛

今までの交際パターンが崩壊し、より強い絆と新たなパートナーシップにつながる変化が起きようとしています。今までのパターンはもうあなたにそぐわないのです。

キャリア／お金

お金をめぐる突発的な変化に不安を感じるかもしれません。でも、今の経験は突破口につながります。損失によって道が開かれ、より多くのものが得られるのです。既存の構造をぶち壊せば、新たなキャリアや収入の道の実現にふさわしいエネルギーを整えられるでしょう。

パーソナル／スピリチュアル

旧弊な構造を壊すことで、新しい生き方への道が開けます。突然の混乱や変化が、これまでとは違う次元の光となって、あなたの歩む道を照らしてくれるでしょう。世界観が一変したり、周囲の構造の弱点に気づいたりするかもしれません。変化とは可能性なのです。

Exercise　塔の絵柄のように劇的な変化があなたの人生に起きていませんか？　それは人生のどの領域でしょうか？

17

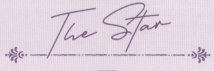

星

星のカードは宇宙の光を地上に注ぎ、癒しの道を照らし出す。

正位置の キーワード	希望、癒し
逆位置の キーワード	信念の喪失、 神聖な源泉との断絶

数秘術	占星術
1＋7＝8、力（8）とのつながり	水瓶座（未来志向、洞察力、知性）

カードが示すこと

　新たな希望と癒しの感覚がもたらされます。川辺にひざまずき片足を水に浸している女性は、彼女が霊的な世界とこの世の両方につながっていることを表しています。星々に見守られながら、2つの水差しから陸地と川に水を注ぎ込んでいる姿は、神聖な源泉から流れ出る潜在意識、希望、新たな信念、インスピレーション、創造力をほうふつとさせます。星のカードは、癒しのエネルギーを意識の領域に流し込めば、すべてが可能になり、肉体も魂も大いに癒されると告げているのです。

カードからのメッセージ

あなたはつらく劇的な変容の時期を経てきたのでしょう。星のカードは、そんなあなたを元気づけるために現れました。未来に新たな信念と希望をもてるように手を差し伸べているのです。もちまえの才能を発揮して創造性の流れを取り戻してください。身も心も癒しのエネルギーを感じるでしょう。

逆位置の場合は？

高次との断絶に気づき、つながりを取り戻すように促されています。直観を活かすのを諦めないでください。あなたは今も正しい道を歩んでいます。ひらめきに近づいているのですから、このまま進みましょう。あなたの身体と魂はいずれ癒されます。ただし、癒し終えるまでには時間が必要なのです。

愛情／恋愛

あなたは過去の関係から立ち直ろうとしているか、現在の関係で癒しのプロセスを経験しています。安心してください。あなたは着実に愛へと導かれています。傷ついたのはもう過去のことです。

キャリア／お金

キャリアを前進させるチャンスがめぐってきます。収入面を改善させるクリエイティブなアイデアが自然に湧いてくる時期です。インスピレーションを大切にしてください。また、このカードは、金銭的な損失や失業によって受けたあなたの傷が癒されつつあることを示しているとも解釈できます。

パーソナル／スピリチュアル

過去の傷が癒され、未来への希望が芽生えてきます。高次からの啓示があなたに流れ込んでいるのですから、創造的な衝動に従って行動してください。近い将来、健康状態が改善されるとともに、魂と肉体の幸福の面でもポジティブな成長が期待できます。

Exercise 星はあなたの人生のどの領域に
新たな希望を与えてくれるでしょうか？

18

The Moon
月

月のカードは隠されていたものを明るみに出し、あなたに呼びかけている。直観に耳を傾けなさい、と。

正位置の キーワード	夢、幻想
逆位置の キーワード	困難な状況を無視する、真実を認めようとしない
数秘術 1＋8＝9、隠者（9）とのつながり	占星術 魚座（直観的、共感的、自己犠牲）

カードが示すこと

月のカードは、シャドウセルフ（影の自分）と向き合うようにあなたを誘っています。シャドウセルフとは、あなたの一部でありながら、しばしば抑圧され、隠されている性質を指します。でも、シャドウセルフは恐れるべきものではなく、むしろ、受け入れて自分の中で統合すべきものです。そうすれば、自分の中で愛される価値がないと感じていた部分や、受け入れがたいと思っていた部分を癒すことができます。

このカードで満月に向かって吠えるコヨーテと犬は、二元性や未知なるものへの不安を象徴しています。コヨーテは野生の自己を、犬は飼い慣らされた自己を表します。一方、川の中のザリガニは、人生の意味やより深いものに対する探求心、そして表面的な生き方への違和感を示しています。月を挟んで立つのは死神のカードに最初に登場したあの2本の塔であり、顕在意識と潜在意識の象徴です。

月の光を浴びて、今すべてが明らかになろうとしています。夢のメッセージや直観のメッセージは、あなたが今まで何に惑わされ、何を錯覚していたかを明かしてくれるでしょう。真実と実態を知るときが来たのです。

カードからのメッセージ

あなたのシャドウセルフに光が当たり、これまで闇に包まれていた自己破壊的でネガティブな性質が明らかになります。このカードは人間の二元的な性質を最も原始的なかたちで表現しながら、それと同時に進化への衝動も映し出しています。あなたが自分自身を解放し、意識を拡大すれば、今まで隠れていたものを見ざるを得なくなるでしょう。あなたは進化したいですか？　それとも闇にとどまって、ぬくぬくと過ごしていたいですか？　夢と直観を頼りに進めば人生は改善できると、月のカードは告げています。たとえ今は暗闇に包まれているとしても、恐れる必要はどこにもありません！

逆位置の場合は？

あなたは直観の呼びかけをずっと無視したまま、真実を認めようとしない、または、内面を見つめることに抵抗しているのかもしれません。逆位置の月のカードはまた、自己欺瞞を克服しなさいという指摘ともとれます。直観の導きを信じ、今の自分がスピリチュアルな旅路のどこにいるのかを確かめてください。

愛情／恋愛

誰かとの関係ではっきりしない部分があったようです。でも、真実が明らかになるときが来ました。秘密が明るみに出て、正直な会話につながるでしょう。すでに付き合っている人との間で、あなたが自分の真実と向き合うことになるのか、あなたが付き合おうとしている相手の真実が明るみに出ることになるのか、どちらも考えられます。

キャリア／お金

自分の直観に耳を傾けてください。契約書類は隅から隅までよく読むことをお勧めします。気づかなかった手数料に気づいたり、うますぎる話を鵜呑みにせずに済んだりしそう。あるいは、仕事上の目標達成を阻んでいたり、昇進を妨げたりする理由があなた自身の内面にあるのかもしれません。自分を見つめ直しましょう。

パーソナル／スピリチュアル

今こそシャドウセルフと向き合い、自己欺瞞、恐れ、羞恥心について見直すべきときです。サイキックの開発や夢分析（ドリームワーク）が、隠されていた内なる自己とのつながりを取り戻す助けになるでしょう。あなたはたどるべきスピリチュアルな道をたどりながら、着実に意識を進化・拡大させています。

Exercise 　月はあなたのために何を照らし出してくれるでしょうか？

19

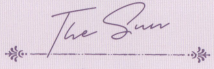

太陽

自己の最暗部と向き合ったあなたに、今、太陽は明るく輝く。

正位置の キーワード	明瞭さ、楽観主義
逆位置の キーワード	悲観主義的傾向、混乱

数秘術	占星術
1＋9＝10、1＋0＝1。魔術師（1）と運命の輪（10）とのつながり	太陽（生命力、活力、可視性）

カードが示すこと

太陽には、間違いようのない明瞭さ、暗闇を脱した後の情熱という意味があります。

明るい日の光を浴びながら、両手を大きく広げた幼子が白馬にまたがっている姿は、無邪気さ、楽観主義、自由が戻ってきたことを表しています。そばでたなびいている赤い旗からも、情熱の復活と愛の存在が伝わってきます。

地平線に姿を現した太陽の巨大さ、力強さは、このカードのおもなメッセージである明瞭さや、ものごとに光が当たることを示しています。遠くのひまわり畑は生命が復活したことを、そして、あなた自身も復活することを告げています。安堵感を覚えるカードです。「明けない夜はない」ことを思い出してください。

カードからのメッセージ

　子どものように世界を眺めることや、自分自身のインナーチャイルド（内なる子ども）と

つながることが、このカードのエネルギーの有効な使い方です。太陽は、暗くどんより

とした状況をクリアにし、あなたに新たな活力と明確な認識をもたらしてくれるでしょう。

健康は回復しつつあり、人生への情熱も戻ってこようとしています。

逆位置の場合は？

　太陽は逆位置でもほとんど意味が変わらない唯一の大アルカナカードです。ものごとの変化が一気にではなく徐々に進行しているときには、そのことに気づきにくいものです。そんなときにはもう一度周囲を見回して、小さな変化に喜びを感じましょう。それが逆位置の太陽のメッセージです。あなたが波長を合わせていれば、小さな変化は積み重なり、やがて大きな変化へと成長します。悲観する必要はありません。状況は改善しつつあります。

愛情／恋愛

　現在の相手との間に情熱と愛が復活するか、新たなめぐり合いが明るい未来をもたらしてくれそうです。太陽は恋愛を楽しむことや恋愛における遊び心を表しています。また、妊娠の知らせ、あるいは、家族をもちたいという願望を表す場合もあります。

キャリア／お金

　わくわくするような新たなチャンスがめぐってきそうです。あるいは、あなた自身が、今の仕事やビジネスに対して楽観的な気持ちや情熱を取り戻しているのかも。あなたが起業家なら、新たなビジネスモデルや収益創出のアイデアを柔軟にとり入れて。子ども相手の仕事や家族関連ビジネスが、計り知れない喜びをもたらしてくれそうです。

パーソナル／スピリチュアル

　悲しみや病を乗り越えて、身も心も健康になったと感じるでしょう。どうかあなた自身のインナーチャイルドを癒してあげてください。たとえば、新たな情熱の対象を見つけてもいいし、昔好きだった趣味を再開してもいいでしょう。

Exercise

暗闇を抜け出した今のあなたにとって、
太陽は何を照らし出してくれていますか？

20 Judgment
審判

過去を受け入れ、自己を受け入れるとき、審判は究極の解放をもたらす。霊的(スピリチュアル)に目覚めよという神の呼びかけに応じなさい。

正位置の キーワード	目覚め、受容
逆位置の キーワード	自己不信、憤り

数秘術	占星術
2＋0＝2（および1が2つ、すなわち11）。女教皇（2）と正義（11）とのつながり	冥王星（変容、死と再生、力）

カードが示すこと

あなたは人としての成長の次の段階に入ろうとしています。それは自分を受け入れ、過去を手放すことです。

審判のカードには、**天使が空でラッパ**を吹き鳴らし、**棺を出た人びと**が天からの知らせに歓喜する様子が描かれています。聖書にある「裁きの日」の復活がモチーフになっていますが、明らかなキリスト教的テーマを別にしても、この絵からは、霊的目覚めを促す天のしるしに人びとが応えようとする様子が伝わってきます。

目覚めのプロセスで、あなたは自分の人生を振り返り、これまでの選択、行動、経験について深く考えることになります。自分自身に審判を下すとき、かつての自分に思いやりをもってください。そして、その審判を手放してください。そうしてこそ、過去から解放され、前に進めるようになるのです。

カードからのメッセージ

霊的に目覚めようとしているかどうかに関係なく、自己批判からの解放が求められています。前進するためには、過去を受け入れ、手放さなければなりません。それができたとき、人生の次の展開を楽しむことができます。審判には、「身をゆだねる─手放す─赦す」というサイクルのすべてが含まれています。そのサイクルを完結したとき、あなたは過去を後にし、活気あふれる未来へと踏み出すことができるのです。

逆位置の場合は？

あなたは重要な教訓を学ばずに同じパターンを繰り返しているようです。おそらく、自分を厳しく批判してきたか、過去にしがみついてきたのではないでしょうか。どちらにしても、それを続けている限り、前進は望めません。あるいは、あなたが高い次元からの呼びかけを無視しているという可能性もあります。成長と変化を恐れないでください。

愛情／恋愛

自分の過ちも、パートナーの過ちも受け入れ、過去を手放してください。ケンカ別れした相手とも和解できそうです。過去のわだかまりを解いて、けじめをつけましょう。赦すことで前進が可能になるのです。

キャリア／お金

お金やキャリアに関する過去の失敗や決断にとらわれず、過去を手放して、新たな成功期に向けて踏み出すことに専念しましょう。宇宙からのシグナルを見逃さないでください。新たなキャリアパスやビジネスチャンスを指し示しているはずです。

パーソナル／スピリチュアル

自己批判や決めつけを手放せるように、宇宙からのシグナルに集中しましょう。自分に備わっているスピリチュアルな能力をそろそろ認めるべきときです。傷ついた過去を後にして、新たな気づきの時期を迎え入れてください。

Exercise　審判のカードは尋ねています。あなたは
自分のどんなところを受け入れられるようになりましたか？

21

The World
世界

世界は、1つのサイクルが終わったことを示す。だが、終わりは新たな始まりでもある。喜びなさい。世界はあなたの苦労に報いるだろう。

正位置のキーワード	見事な完結、成果を得る
逆位置のキーワード	不完全な行動、祝福の延期

数秘術	占星術
2＋1＝3（1、2、12とも関連）。女帝（3）と吊るされた男（12）とのつながり	土星（責任、制約、時間）

カードが示すこと

　愚者から始まった旅は世界で大団円を迎えます。あなたは今、その報酬を受け取ろうとしています。絵の中の人物は<u>両手にワンド</u>（杖・棍棒）をもち、魔術師をほうふつとさせる一方で、その姿はこれまでに創造してきた世界をも象徴しています。彼女を取り巻く<u>花輪（リース）</u>は勝利と成功の印にほかなりません。

　運命の輪との共通点も目立ちます。<u>雲間を漂う花輪</u>、<u>不動星座（サイン）</u>（占星術の十二星座の分類の1つ。活動・不動・柔軟の3区分がある）——水瓶座（風）、獅子座（火）、牡牛座（地）、蠍座（水）——の象徴は、運命の輪に通じるところがあります。これらの星座とエレメントは旅を完結させるためにあなたが払った労力を表してもいます。困難な時期を乗り越えたあなたが、手ぶらで戻るなんてありえません。旅の報酬を喜んで受け取ってください。

カードからのメッセージ

世界のカードは1つのサイクルの終わりを意味し、プロジェクトを完了すれば、その努力は報われることを表しています。勝利を祝い、ここまで来た自分を認めてあげましょう。それと同時に、未来への期待感も高まっています。あなたが自信を手に入れ、成長したことで、新たな旅を始める準備が整ったのです。

逆位置の場合は？

今、1つのサイクルが終わろうとしています。でもあなたはその覚悟ができていないようです。区切りをつけられない、または、自分の努力に満足できず、終焉を受け入れられないのかもしれません。もしそうだとすれば、1つのサイクルの終わりは自分への贈り物だと思ってください。次の段階に進む用意は整いました。エネルギーの新たなサイクルを迎え入れましょう。新しい冒険を始められるほど、あなたは成長したのです。

愛情／恋愛

あなたは積極的に恋愛を楽しみ、今の関係に満足を覚えているのでしょう。あるいは、教訓を学ぶ一方で、その交際の次のフェーズに入ろうとしているのかもしれません。自信に満ちあふれ、未来に胸躍らせているようです。

キャリア／お金

あなたはまもなく、仕事に関して報われるか、認知を得ることになりそうです。昇進や昇給（もしくは卒業!）というかたちで成功を祝うことになるでしょう。さらに大きな責任を引き受け、出世をめざしてはどうでしょうか？

パーソナル／スピリチュアル

人生の1つのフェーズを終えたあなたは、次のフェーズに入ろうとしています。ここまで来られたことを喜び、今の自分を認めてあげてください。目標を達成したのですから、自分を誇りに思いましょう。

Exercise　今のあなたはどんなサイクルの完結を祝うことができますか？

COLUMN 1

タロットの歴史を手短に

　タロットの歴史はなんと600年以上にも及びます！　時とともにその意味と用途は進化してきました。始まりは1400年代、4つのスート、コートカード、切り札で構成されるデッキ——伝統的なトランプに似たデッキ——がヨーロッパ各地に登場したときです。1800年代にはオカルト主義者たちが占いの道具としてタロットを使い始めました。そのことがタロットは邪悪な道具だと言われるゆえんになったようです。ライダー版のデッキは、学者で神秘主義者だったA・E・ウェイトの指示で、挿絵画家のパメラ・コールマン・スミスが絵柄を描き、1909年にライダー社から発売されました。今日でもタロットと言えば、このライダー版の絵柄が世界で最も象徴的で最もよく知られています。ライダー版はユダヤ・キリスト教的なイメージを用いていますが、その象徴性はあらゆる宗教的な意味合いを超越しています。そのため、過去100年ほどの間に発表されたタロットデッキの大半に影響を与えてきました。

　この10年間、おもにスピリチュアリティ（霊性）やセルフヒーリング（自己治癒）への関心が高まり、引き寄せの法則への理解が進んだことによって、タロットも大きく注目されるようになりました。タロットは新たな自分を発見し、人生を変えるための最高のツールなのです。そんなタロットを使えば、あなたも、人生を運任せにするのではなく、宇宙と手を携えて人生を創造することができるでしょう。

CHAPTER
5D

Minor Arcana
Cups

小アルカナ「カップ」

　4つのスートはそれぞれのエレメントの旅を描き出していますが、カップ（聖杯）のスートは水のエレメントに属します。カップは占星術の水の星座、つまり、蟹座、蠍座、魚座に当たり、感情、気持ち、愛、直観を象徴しています。この章では、エースから順に、カップのカードの普遍的な意味を探究することにしましょう。ちなみに、カップの象徴性を感情、愛、気持ちと関連づけて覚えるのに便利な方法があります。それは以下の3つのフレーズを思い浮かべることです。たとえば、「私の杯はあふれる」（『旧約聖書』「詩篇」の一節。「心が愛で満たされている」の意）、「空のカップからは何も注げない」（「自分が満たされていないと、周りを幸せにできない」という意味の慣用句）、「グラスにはまだ半分あると思うか、もう半分しかないと思うか」。

CUP

Ace of Cups

カップのエース

神からの贈り物が差し出されている。
この新たな愛を喜んで受け取りなさい。

正位置の キーワード	新たな愛、親密な人間関係
逆位置の キーワード	枯渇、失望
数秘術	1、新たな始まり、個人

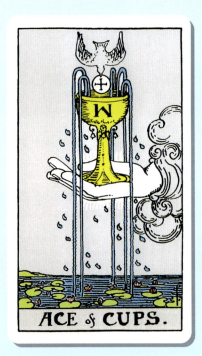

カードが示すこと

　カップのエースは新たな愛と感情的な経験の始まりを告げています。

　雲間から現れた神の手が、愛を象徴する金色の聖杯を差し出し、そこから5本の水流が睡蓮の花咲く池に注がれています。5本もの水の流れからは、カップのエネルギーが私たちの人生でさまざまな現象として現れうることが伝わってきます。

　白い鳩は平和を、鳩がくわえている聖餅は神とのつながりという贈り物を象徴しています。

カードからのメッセージ

神があなたに愛の贈り物を差し出しています。その贈り物はさまざまなかたちで現れる可能性があります。たとえば、自分を愛せるようになる、新しい交際が始まる、あるいは、あなたの人生に愛と平和と幸せを運んでくれる新たな人脈ができる、などが考えられます。さあ、心を開いて受け取ってください。あなたのために用意された贈り物なのですから!

逆位置の場合は?

むなしさを感じたり、疲れ切ったりして、自分への愛が足りなくなっている可能性があります。また、思うようにならなかった関係に失望しているのかもしれません。要するに、自分の内側を見つめ、感情面でいたわる必要があるということです。

愛情／恋愛

新しい愛がめぐってきます!自分自身を愛することに集中すれば、より多くの愛が人生にもたらされるでしょう。すでにパートナーがいる場合でも、その人とともに改めて愛情や感情がほとばしるような経験をしそうです。また、このカードは妊娠や赤ちゃんの誕生を告げている可能性もあります。

キャリア／お金

新たなチャンスか仕事が舞い込み、心が満たされるでしょう。あるいは、新たな情熱をもって今の仕事に取り組むのかもしれません。また、創造的な試みが新たな収入源につながるとも解釈できます。

パーソナル／スピリチュアル

自分を愛し、自分に時間を使うことに専念しましょう。人としての成長を促す新たなチャンスとインスピレーションがすぐそこまで来ています。スピリチュアルな実践への意欲が増してくるでしょう。

Exercise　カップのエースはあなたにどんな贈り物を差し出していますか?

カップの 2

2人の出会いは育み合う関係にバランスと調和をもたらす。

正位置の キーワード	パートナーシップ、和合
逆位置の キーワード	不調和、決裂
数秘術	2、パートナーシップ、バランス

カードが示すこと

すでにある結びつきをさらに深いレベルへ発展させる用意が整ったことを示すカードです。

女教皇と愚者によく似た2人の人物が見つめ合い、杯を交わしている姿が描かれています。2人を上から見守っている翼のあるライオンは、情熱と天からの守護を表し、ライオンを載せたカドゥケウスの杖※はコミュニケーションのバランスを象徴します。2人の頭の花飾りは、この調和のとれたパートナーシップが互いにとって成功であることを示しています。遠くには平安な家庭生活を象徴するように家が描かれています。

※ギリシャ神話の神々の伝令役、ヘルメス神の杖。2匹の蛇が巻きつき、上部に双翼がある

カードからのメッセージ

2人が感情を共有し、惹かれ合っていることを表します。そのパートナーシップはロマンチックな性質のものかもしれませんが、両者の間には、単なる肉体的な欲望以上の深い絆があるようです。恋人や夫婦といったロマンチックな関係でないとしても、互いを支えようとするエネルギーが流れ、平等なギブアンドテイクの力が働いています。

逆位置の場合は？

人間関係の不調和や不均衡を表している可能性があります。または、新たな別れが差し迫っているのかもしれません。そうだとすれば、つらい思いや困難が予想されます。ある種の関係にははっきり「ノー」と言えるようになってください。そうすれば、より充実した人間関係を招き入れることができます。

愛情／恋愛

新たなすばらしい出会いが近づいているか、始まったばかりのようです。あるいは、今すでにある関係が、愛と支え合いと感情的な充足感に満ちているとも読めます。

キャリア／お金

新たなパートナーシップや仕事上のチャンスがめぐってきます。今のキャリア環境で、平等なギブアンドテイクの関係を体験するか、仕事仲間から寛大な対応を示されることになりそうです。

パーソナル／スピリチュアル

スピリチュアルな実践を深めたり、新たな趣味の世界に飛び込んだりすると、共通の興味関心をもつ人との新たなつながりができます。あるいは、すでにある人間関係で、自分がいかに愛され支えられているかを実感するでしょう。

Exercise

このカードの2人の人物は互いに何を与え合っていると思いますか？

カップの3

大切な人たちと喜び祝福しなさい。
その絆があなたの精神を高揚させるのだから。

正位置の キーワード	祝福、一体感
逆位置の キーワード	感情的に疲れ切った、放埒（ほうらつ）さ
数秘術	3、コミュニティ、創造性

カードが示すこと

　楽しさの広がりを感じさせるカードです。3人の乙女が庭で踊りながら、祝杯を挙げる姿が描かれています。友情やコミュニティなど、人生がもたらす共同体的な喜びを祝福しているのでしょう。
　たわわに実った草木は今ある生を謳歌する様子を表し、3人の乙女はつながり、豊かさ、創造性を象徴しています。

カードからのメッセージ

人生をもっと楽しみなさい、遊びなさい、友人や家族と時間を過ごしなさい、という意味です。他者との交流は、ストレスを解消し、精神を若返らせてくれます。気分を高め、鼓舞してくれる人たちと交流し、開放的で楽しい活動にいそしみましょう。

逆位置の場合は？

楽しいことやパーティーに浸りすぎているようです。付き合いが多すぎて疲れているのではないでしょうか？　あるいは、友人との緊張関係、ゴシップ、境界線の問題に悩んでいるのかもしれません。さらには不倫が絡んでいる場合さえあります。直観の導きを受け入れてください。これが真実だと感じられるものにたどりつけるように。

愛情／恋愛

友人を通じて新たなパートナーと出会う可能性があります。あるいは、好きなことを楽しんでいると、愛を引き寄せるという意味にもとれます。すでに付き合っている人がいるなら、いっしょに出かけて楽しい時間を過ごしましょう。とくにグループやコミュニティでの活動がお勧めです！

キャリア／お金

サポートしてくれる人たちと力を合わせるべきときです。思いやりに満ちた関係があなたを勇気づけ、新たなプロジェクトに取り組む安心感をもたらします。後ろから支えてくれる強いチームがいることが分かっているからです。同僚と絆を結ぶ、あるいは、同業者と仲良くなることで、新たなチャンスが生まれるでしょう。

パーソナル／スピリチュアル

あなたは自分の魂の家族と過ごしたいと切に願っているのです！　あなたの支えとなり、気持ちを盛り上げてくれるコミュニティとつながることを優先してください。よい友やよい家族と喜び合うことが、今のあなたに一番必要なことです。

Exercise　あなたは、コミュニティ、友人、創造性とどんな関係をもっていますか？

CUP

Four of Cups

カップの4

過去を振り返っても、未来は見えてこない。
視線を上げれば、チャンスは至るところに見つかるだろう。

正位置のキーワード	無感情、停滞
逆位置のキーワード	変わろうとしない、不機嫌から抜け出せない
数秘術	4、再構築、とらえ直す

カードが示すこと

停滞と退屈があなたの前に大きく立ちはだかっています。

このカードでは、木の根元で腕と脚を組んで座る若者に、雲間から現れた神の手がカップを差し出していますが、若者は目の前のカップを見ようともせず、視線を落としたまま、足元に並ぶ3つのカップをぼんやり眺めています。何を差し出されても受け付けないと言わんばかりのそのボディランゲージからは、傷つきたくないがために自分を守ろうとする様子が伝わってきます。足元の3つのカップに集中しすぎていて、若者には光り輝く新たなチャンスが見えません。3つのカップは過去の満たされなかった状況を象徴しています。彼は、満たされたいのにどう動き出せばいいか分からないようです。

カードからのメッセージ

　過去に傷ついたり失望したりした経験があると、視点を変えて新しいものごとに感動するのが難しくなります。また同じような目に遭ったらどうしよう？　期待するだけ無駄なんじゃないか？　そういう疑問をこのカードは表しています。感情と同じように、水も自由に流れる必要があります。でも、このカードではその感情のエネルギーが滞っています。つらい思いをしたくないばかりに、自由な感情の流れを制限した結果、あなたは無感情に陥っているのです。

逆位置の場合は？

　正位置の意味と非常によく似ていますが、過去への執着がより根深いことを示しています。過去の出来事にこだわり、古くなった物語を繰り返していると、現状への不満は解決できません。外側の状況が変化するのを待たないで。変化は内側から始まるのです。

愛情／恋愛

　新しい愛とロマンスの気配が漂っています。過去ではなく未来の無限の可能性に視線を移しましょう。過去の恋愛にこだわっていると、あなたの人生に新しいエネルギーが流れ込んできません。すでに交際相手がいるとしても、同じことが言えます。どんなに恐くても、心を開いてください。新たな出会いを受け入れるときです！

キャリア／お金

　今の仕事に退屈しているか、今のポジションに幻滅しているのではないでしょうか？　姿勢や視点を変えようとすると、状況が一変する可能性があります。変化はあなたから始まります。自分の気持ちをコントロールしたとき、かならず扉は開かれるでしょう。

パーソナル／スピリチュアル

　時代遅れで役に立たなくなった思考パターンを見直すように促されています。あるいは、スピリチュアルな実践に取り組んでも、以前ほど気持ちがすっきりしないのかもしれません。このカードは、新しいものをとり入れるべき時期だと告げています。過去を離れ、前進する意欲をもってください。そうすればおのずと扉が開かれます。

Exercise

この絵の人物が目の前のカップを受け取ろうとしないのは、なぜだと思いますか？

CUP

Five of Cups

カップの5

こぼれたものを見つめていても先には進めない。
憂鬱を脱して、受容の道を見出しなさい。

正位置の キーワード	悲嘆、悲しみ
逆位置の キーワード	希望の光、前進する
数秘術	5、挑戦、苦闘

カードが示すこと

喪服を思わせる黒衣に身を包んだ人物が、悲しそうにうなだれ、たたずんでいます。足元に倒れている3つのカップは、喪失、傷心、悲しみを表しているようです。

この人物が川の流れによって遠くの建物と木々から隔てられているのは、物理的な孤立と距離を象徴しています。

彼の背後には2つのカップが立ち並び、その向こうには部分的に遮られた橋も見えます。振り向きさえすれば、彼はすべてが失われたわけではないことを知るでしょう。そこにはまだ倒れていないカップがあり、文明社会へ戻るための別の道もあるのです。旅はまだしばらく続くでしょうが、彼はいずれそこへたどりつくはずです。

カードからのメッセージ

自分の中にある悲しみと失望をありのままに認めてください。思いきり泣いていいのです! 悲嘆のプロセスには時間がかかりますが、永遠に続くわけではありません。2つの直立したカップは、あなたが暗闇を抜け出し、喜びとつながりと満足を再発見したとき、再び満たされるでしょう。出口はかならずあるのです。

逆位置の場合は?

希望の兆しが見えてきました。あなたの中で状況の受け止め方が変わったことを意味します。苦あれば楽ありという真理を受け入れたとき、癒しと成長の道を歩むことができるのです。

愛情／恋愛

相手に対する失望や悲しみが表面化しそうです。また、破局や別離をめぐる感情に圧倒されてしまうのかもしれません。再び愛とつながる前に、悲しみに浸る時間を自分自身に与えましょう。希望はつねにあるのですから。

キャリア／お金

仕事やビジネスベンチャーが期待どおりに運ばなかったことが、喪失感を生じさせているか、キャリアとお金に関する深い悲しみにつながっているようです。キャリアをめぐる失望が重くのしかかっているのでしょう。でも、その状態は1つの転機だと思ってください。もうすぐ、新たなキャリアの方向性が見えてくるか、新しいパートナーシップが生まれるでしょう。

パーソナル／スピリチュアル

悲嘆は、あなたが次の感情的なフェーズに進むために必要なプロセスです。孤独、悲しみ、憂鬱をありのままに認め、思いやりをもって扱ってください。自分に対して寛容になりましょう。

Exercise あなたがカップの5に象徴される悲しみのエネルギーを感じたのはいつですか?

123

カップの6

愛に満ちた支え合いといたわり合いは、
まるで我が家にいるように感じられる。

正位置の キーワード	調和、記憶
逆位置の キーワード	郷愁、過去に生きる
数秘術	6、調和、互恵

カードが示すこと

　悲嘆や苦難の時期を乗り越えたあなたは橋を渡り、カップの6の調和的エネルギーに包まれています。このカードには、おとぎ話の登場人物のような恰好をした少年と少女が描かれています。2人は陽光が降り注ぐ黄色い町の広場で遊んでいるようです。男の子は1輪の白い花を挿したカップを女の子に差し出しています。その周りにも同じく白い花の入ったカップが並んでいて、無垢さを象徴しています。
　2人の様子、おどけた衣装、無邪気な雰囲気は、幼い頃の思い出と望郷の念を呼び覚まします。後方の槍をもった人物は、遊んでいる子どもたちを守っているのでしょう。2人は安全そのものです。心配とは無縁なのです。

カードからのメッセージ

思い出してください。あなたにも安心して無邪気にはしゃいでいられた頃があったはずです。我が子と過ごすことや自分のインナーチャイルドとふれあうことが、このカードのパワーを有効に活用するのに最適な方法です。古い友人や家族同様の仲間とひとときを過ごすのもいいでしょう。子どもの頃と同じ喜びに浸るとき、今この瞬間を最大限に生かすことができます。あなたはサポートと愛を手に入れ、若々しさを取り戻すでしょう。

逆位置の場合は？

不健全なほど思い出に浸っているか、今より昔のほうがよかったという思いにとらわれているようです。目の前にある可能性をつかもうとするより、過去に戻りたいと願っていませんか？

愛情／恋愛

あなたは愛にあふれた協力的な関係を結んでいます。その関係は家庭的な雰囲気を帯びているか、子どもとかかわりがありそうです。今こそ、パートナーを家族に紹介すべきときです。まだパートナーがいない人は、心を開いて過去を打ち明けられるような人物との出会いがあるかもしれません。

キャリア／お金

子ども相手の仕事をすると、あなたにとって非常にためになりそうです。家族の支えがあること、または、同僚たちを1つの家族のように感じることで、集中力と目標達成への意欲が高まります。職場の調和とサポートの意識を大事にしましょう。

パーソナル／スピリチュアル

我が子と過ごすことや自分のインナーチャイルドとつながることが、気分をリフレッシュさせます。遊び心あふれる創造性を発揮し、愛情とサポートをやりとりすれば、あなたの人生に大いなる調和がもたらされるでしょう。また、旧友や家族のような友だちと過ごすのもいいでしょう。

Exercise

カップの6の絵柄は、あなたの中のどんな記憶を呼び覚ましますか？

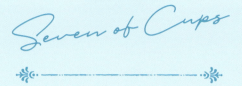

カップの7

夢に描けるものは達成できる。ただし、感情にまかせて行動する前に、自分の選択肢を理解し、しっかりとした計画を立てなさい。

正位置の キーワード	可能性、空想
逆位置の キーワード	幻想、混乱
数秘術	7、計画、沈思黙考

カードが示すこと

とりとめなく可能性を空想する様子が描かれたカードです。絵の中の人物は雲間から現れた7つのカップに驚いています。こちらに向かって差し出されているという意味では、カップのエースとカップの4に登場したものによく似ていますが、これらのカップは神からの贈り物なのでしょうか？ それとも、見ている人物の俗っぽい夢なのでしょうか？

それぞれのカップには異なる夢が入っています。富、勝利、愛、知恵、情熱、ファンタジー、そしてパワーです。この人は夢の代償を慎重に検討しなければなりません。そして、夢を現実に変えるために何が必要なのかも。

カードからのメッセージ

まだ現実化していない夢をめぐって選択肢が提示されています。実現する前の願望は潜在的なエネルギーとして存在するのです。あなたが焦点を定めたいのはどのカップでしょうか？ 静かに自分の内面を見つめながら、あらゆる可能性を検討してください。直観の導きによって最適な選択肢にたどりつけるでしょう。

逆位置の場合は？

見た目に惑わされるなという警告かもしれません。うますぎる話には気をつけよと念を押されているようです。極端な感情を引き起こすようなものごとに全力投球しないようにしましょう。強烈な興奮はあっという間に消え去る可能性があります。それぞれの状況の根底にある真実に目を向け、慎重に進んでください。

愛情／恋愛

愛情面での選択肢が多すぎて、自分のほんとうの望みが分からなくなっているようです。あなたが探し求めている関係は手に入らないものではありません。でも、それは本心から望んでいる関係なのでしょうか？ 見きわめることができたとき、あなたは直観に導かれて願望を実現することができるでしょう。

キャリア／お金

あなたはすばらしいアイデアであふれかえっています！ インスピレーションを頼りに未来をあれこれ思い描くことは、充実したキャリアを築くための第一歩です。でも、そろそろどれか一つに絞りましょう。自分の直観を頼りに次の一歩を踏み出してください。ビジネスのオファーを受けたら、ピンとくるかどうか直観に尋ねましょう。

パーソナル／スピリチュアル

自分の夢についてじっくり考える時間をつくってください。視覚化※1や誘導瞑想※2は夢に浸る練習になります。いつものスピリチュアルな実践を意思決定に応用してもいいでしょう。あなたのハートが喜ぶ選択をしてください。

※1 こうったらいいと思うことを、実際に実現したものとして、頭の中で鮮明にイメージすること
※2 瞑想指導者の音声指示を聞きながら行う瞑想

Exercise あなたが実現したい夢は何ですか？

カップの8

「そこそこ」で手を打つな。
探し求める者には最高の選択肢が待っているだろう。

正位置の キーワード	立ち去る、前進する
逆位置の キーワード	しがみつく、変化を嫌う
数秘術	8、動き、移り変わり

カードが示すこと

幻滅と見かけ倒しに苦労した時期は終わり、つらく非生産的な状況を手放すときがようやく訪れました。

三日月と注意深い面持ちの太陽——前者は直観的な自己、後者は意識的な自己の象徴——に見守られながら、1人の人物が8つのカップから立ち去っていきます。彼がその身にまとう赤いローブと長靴は願望に根差した情熱の象徴です。彼はそれぞれのカップの中身を味見したのでしょう。しかし、そこに満足できるものはなく、さらなる充実を求めて旅立たねばならないのです。握った杖は隠者のそれによく似ています。力の象徴であるその杖を頼りに、この人物は川の流れに沿って道をたどっていきます。川は直観の象徴です。彼は月の光を頼りに自分の道を感覚的に探りながら進んでいます。

カードからのメッセージ

あなたの人生に何かが欠けていると感じているなら、現状にとどまっている必要はありません。欠けているものの正体がはっきりしなくてもいいのです。直観に従って、もっと有意義な生き方を探し求めてください。新たな旅に出るためには、かつて自分に幸福をもたらしてくれたものを手放す必要があります。それは特定の人だったり、ふるまいだったり、物や場所だったりします。手放すのはつらいかもしれません。でも、悲しみにとらわれて、必要以上にそこにとどまっていてはいけません。内なる声があなたに行動を呼びかけています。

逆位置の場合は？

何かの人間関係、仕事、状況に不必要にとどまり続けてきたのではないでしょうか？おそらくあなたは変化を恐れているのでしょう。でも、そろそろ終わりにすべきときです。今よりもっとふさわしいものがあなたを待ち受けています。未知なるものを信じてください。

愛情／恋愛

あなたは、自分のためにならなくなった関係から遠ざかろうとしています。それは、今の関係にとってよくない行動パターンをやめることかもしれません。あるいは、今後、不健全な関係に陥らないように冷静な距離感を育てることかもしれません。

キャリア／お金

やりがいを感じられなくなった仕事やキャリアパスを手放すべきときです。あなたは精神的に疲れ果てています。今は、自分の目標と志にそぐわなくなった仕事、キャリア、プロジェクトから離れ、行動を起こさなければなりません。

パーソナル／スピリチュアル

自分の信念やスピリチュアルな生き方にふさわしくない交友関係を絶つのは、つらくても必要なことです。あなたはもっと深い人生の意味探しを始めようとしています。それは実際に旅に出ることかもしれないし、スピリチュアルな実践に取り組み、内面を見つめることかもしれません。

Exercise カップから立ち去る人物はどんな気持ちだと思いますか？

カップの9

腰を下ろし、自分が育てた豊かさをじっくり味わいなさい。
満足が成功の流れを増幅させるのだから。

正位置の キーワード	満足、豊富
逆位置の キーワード	放埓、傲慢
数秘術	9、完結間近、孤高

カードが示すこと

　豊かさ、富、安定感のエネルギーがあふれかえっているカードです。
　1人の男性が、トロフィーのように並べた9つのカップの前に誇らしげに座っています。彼はこれらのカップのために懸命に働いてきました。成果に満足していることは、カップの下の青い布が象徴しています。カップの9は、先行するすべてのカードが得た教訓とそれらのエネルギーを携えています。
　このカードは「ウィッシュカード」とも呼ばれ、夢の実現や努力の結実を告げるカードです。

カードからのメッセージ

これまでの努力の成果をリラックスして楽しみましょう。成功を過小評価しないでください。長い道のりを自分の足で歩いてきたからこそ、豊かさがあふれ出しているのです。この瞬間をじっくり味わいながら、幸運のおすそ分けをしてください。気前よく与えたものはかならずあなたに返ってきます。

逆位置の場合は？

成果に対して傲慢な態度をとり、評価と認知ばかりを求めていることを表しているようです。あるいは、快楽に溺れていないで節度を守りなさい、という指摘ともとれます。人生の豊かさを祝福する際には、感謝の気持ちを表し、気前よく共有することが重要です。

愛情／恋愛

すでに付き合っている人、または、付き合い始めたばかりの人との間で、幸福と親密さの度合いが上がります。自分自身に満足している幸せなパートナーを引き寄せ、真剣な交際に発展するでしょう。あふれるほどの愛と幸福が感じられます。

キャリア／お金

進行中のプロジェクトが完結しようとしています。新しいアイデアを迎え入れる前に、まず喜びが待っています。仕事の成果が認められるか、昇進が期待できそうです。自分の直観に従い、ひらめきを大切にすることで、さらなる繁栄と豊かさがもたらされます。

パーソナル／スピリチュアル

健康が改善され、全体的に幸せと喜びが感じられます。願いを胸に、直観に従って進みましょう。人生のあらゆる領域で豊かさを期待できます。

Exercise あなたがこれまでに自力で成し遂げたことで、評価に値するものは何ですか？

CUP

Ten of Cups

カップの 10

充実感の頂点は次の冒険への扉。

正位置の キーワード	幸福、充実感
逆位置の キーワード	不調和
数秘術	10、サイクルの完結

カードが示すこと

完結のエネルギーが詰まったお祝いムードたっぷりのカードです。充実感が頂点に達していることを表しています。

幸せに満ちた1組のカップルが身体を寄せ合って立っています。それぞれが空いているほうの腕を広げ、頭上で虹のように光り輝く10個のカップを歓迎しています。かたわらでは2人の子どもが踊り、緑豊かな土地には川が流れています。その川をたどっていくと、丘のてっぺんに家が建っています。カップルの望みはすべてかなったのです。愛も幸せな家族も安全な家も。豊かな人生に対する感謝が伝わってきます。

カードからのメッセージ

充実感は人それぞれです。人生の各ステージによっても変わるでしょう。自分にとって充実感とは何かを考えてみてください。それは幸せな家庭かもしれないし、家族同様に感じられるすばらしいコミュニティかもしれません。人生を穏やかさ、満足感、感謝で満たしてくれるほどの愛と成功の実現、それがこのカードの焦点です。

逆位置の場合は？

安定感の獲得、大きな目標の達成、家庭内の力関係の調和に関して、遅れや妨害が暗示されています。パートナーや家族の誰かと気持ちが通わなくなっているのではないでしょうか？　でも、他のカードの逆位置と同様に、状況をひっくり返すチャンスはあります。諦めないでください。ハートの声に辛抱強く耳を傾け、軌道修正しましょう。

愛情／恋愛

あなたは誰かと愛し合い尊敬し合う関係をすでに築いているかもしれませんが、ともに次のステップに向かうためには、支え合いの意識が必要です。家庭内、または、子どものいる関係性での幸せが、今は人生の中心になっているようです。あるいは、あなたが配偶者と別れるなら、子どもの親権は共同親権にすると丸く収まりそうです。

キャリア／お金

仕事も家庭生活も順調そのものです。快適なワーク・ライフ・バランスを堪能してください。そして、家族のような同僚たちのサポートに感謝しましょう。あなたが起業を真剣に考えている、または、キャリアに前向きな変化を起こそうとしているとすれば、自分がいかに家族や身近な人たちに支えられているかを認識してください。

パーソナル／スピリチュアル

長年の家族の問題がほとんど解決するか、互いの距離をぐっと近づけるような家族の集まりがありそうです。あなたは全体的に安定感と幸せに包まれています。家族同様の仲間たちと成功の喜びを分け合ってください。重要な目標——キャリアまたは愛情面での———がまもなく達成されようとしています。安定感が増すことで、次のフェーズに向かう勢いがつくでしょう。

Exercise　あなたにとって、感情面の充実とはどのようなものですか？

Page of Cups

カップのペイジ

愛のメッセンジャーは吉報をもたらす。
新たな感情的体験を受け入れなさい。

正位置の キーワード	愛のメッセージ、遊び心、 感情的知性 （自分の感情を認識し、他者の感情も理解し たうえで適切に対処する能力）
逆位置の キーワード	未熟さ、過敏さ
エレメントの 組み合わせ	地と水（地はペイジの特徴である自然と のつながりや安定感を表す。一方、カッ プのスートは、このペイジを愛やあふれ 出す感情を象徴する水と結びつける）

カードが示すこと

どのスートでもペイジはメッセンジャーの役割を果たします。カップのペイジがもつ若々しいエネルギーは、あなたの人生における子どもや年下の人物の存在、もしくは、あなた自身のインナーチャイルドからのメッセージを象徴している可能性があります。人生をもっと楽しみなさいと言っているのです。

このカードの絵柄の若いペイジは、派手な花柄のチュニックを身にまとい、頭からスカーフを垂らしています。片手を腰に当て、もう一方の手にカップをもち、そのカップから顔をのぞかせる魚に流し目を送っています。彼と魚の間には、戯れ、ミステリー、遊び心の要素が漂っています。大地に立つペイジとその背後に流れる川という構図は、このカードが地と水という二重のエレメントを帯びていることを表します。

カードからのメッセージ

カップのペイジは自分のアイデンティティを確立していて、自由に自己表現できると感じています。このカードは感情的知性や積極的な感情表現に対する賞賛のメッセージを伝えているのです。ペイジはあなた以外の誰かもしれないし、あなた自身かもしれません。どちらにしても、心を開いて、思いがけないところからくるメッセージを受け取ってください。もしかすると、自分の直観からのメッセージかもしれません。

逆位置の場合は？

自分を十分に表現できていない可能性があります。人生を深刻にとらえすぎていて、楽しみや遊びの時間をつくれない、あるいは、今を精一杯生きていないのではないでしょうか？　あるいは、このカードは他者の気持ちにもっと敏感になるようにと、やんわり指摘しているのかもしれません。最近、軽率な言動や未熟な対応をとったことはないでしょうか？　もしくは、何かをまるで個人攻撃のように受け止めたことは？

愛情／恋愛

新たな恋の予感がします。戯れたい気分やロマンチックな気分を誰かと分かち合ってください。今は楽しむことにエネルギーを集中すべきときです。デートに工夫を凝らしたり、恋人同士で新しいアクティビティに挑戦したりしましょう。

キャリア／お金

胸を躍らせる新たなチャンスが近づいています。慎重に進んでください。ただし、感情的に満足するかたちで自分をアピールすることが大切です。お財布事情はよくなりそうです。自分のことをまだ見習いのように感じているかもしれませんが、仕事面での自信が増していくでしょう。今はビギナーであることを楽しんで。途方もない気楽さは駆け出しの特権です。

パーソナル／スピリチュアル

楽しく自己表現できる方法を見つけて、自分のインナーチャイルドとふれあいましょう。本能に耳を傾け、人生に流れ込んでくるメッセージやインスピレーションを聞き逃さないように。新しいクリエイティブな物事を開始したいなら、インナーチャイルドの好奇心で取り組んでください。ふとした瞬間にも畏敬の念を抱き、感動できるようになります。

Exercise　どうすれば日常生活にもっと遊び心をとり入れることができると思いますか？

Knight of Cups

カップのナイト

愛の探求はたちまち結果をもたらすが、時の試練に耐えうるとは限らない。着実に歩みなさい。

正位置の キーワード	感情的な贈り物、スピード
逆位置の キーワード	完璧主義、失望
エレメントの 組み合わせ	風と水（風はナイトの特徴であるコミュニケーションや知的領域とのつながりを表す。一方、カップのスートは、このナイトを愛やあふれ出す感情を象徴する水と結びつける）

カードが示すこと

どのスートでもナイトは、馬に乗って崇高な旅から帰還し、依頼を受けて探し当てた品を差し出す姿で描かれています。カップのナイトは白馬にまたがり、貴重なカップを誇らしげに掲げています。兜とかかとに付けた翼はナイトが風のエレメントと関係することを意味し、彼がカップのスートに属していることは水のエレメントとの結びつきを表します。馬は探求の旅から帰還するときのスピードを表し、素早く動く風と水は、慎重な検討を経ずに急いで感情的な決断が下されることを象徴しています。

カードからのメッセージ

身振り素振りの裏にある動機を考えましょう。自分自身のふるまいに関してもそうです。あなたは単に自分を知ってほしい、注目してほしいという気持ちから行動していないでしょうか？　誰かや何かを理想化して夢中になっていませんか？　ペースを緩めてください。そうすれば、相手や状況がはっきり見えてきて、ものごとの展開を楽しめるようになります。

逆位置の場合は？

人間関係での失望を表します。大きな希望や期待を抱いていたとすれば、なおさらでしょう。新たなロマンスの兆しがあっけなく消えてしまったとか、願望の対象が見かけ倒しだったのではないでしょうか？　あるいは、あなたが自分自身や他人に完璧を期待しすぎているという可能性もあります。その種の過度な期待は修正しましょう。誰にでも欠点はあるものです。認めて赦せば、ポジティブな感情を取り戻せるようになります。

愛情／恋愛

理想のパートナーとの出会いが待っています。でも、前のめりにならず、じっくりと恋愛を楽しんでください。あるいは、知っている人との間に新たな恋愛感情が生まれるのかもしれません。プロポーズや愛の告白が考えられます。あなたはロマンチックな感情で行動しているか、そうしようとしているようです。

キャリア／お金

オファー、新規プロジェクト、挑戦的な任務が、あなたの仕事への意欲を再びかきたてます。新たな上司か同僚から、あなたが待ち望んでいたサポートを得られるかもしれません。行き詰まりを感じているなら、心を開き、もっと楽しく仕事をするために必要なインスピレーションを受け入れてください。

パーソナル／スピリチュアル

健康に関するよい知らせが舞い込んできて、楽天的になれそうです。スピリチュアルな道を歩むうえで新たなインスピレーションの源泉を見つけたのかもしれません。日常生活にわくわくするような変化が起きそうです。おそらく、新しいペット、家具、またはルームメイトが、あなたの暮らしに加わるのではないでしょうか。

Exercise　人生の何があなたを焦らせているのでしょうか？

カップのクイーン

愛し、育み、守る女性的なエネルギーが、
カップのクイーンの内面に響き渡っている。

正位置の キーワード	育む、女性的なエネルギー
逆位置の キーワード	疑念、感情的な距離
エレメントの 組み合わせ	水と水（水はクイーンの特徴である養育や愛のエネルギーを表す。しかも、カップのスートが、このクイーンのもつ愛やあふれ出す感情という水の性質を2倍に強めている）

カードが示すこと

タロットにおけるクイーンは、受容力、創造力、養育力、愛などの女性的なエネルギーの象徴ですが、その中でも、カップのクイーンは水のエレメントの性質を二重に帯びているため、感情がいっそう豊かです。ものごとを深く感じとり、その感情を隠すことなく表現します。

貝殻や人魚の赤ん坊をあしらった玉座に座る姿は、彼女の母性本能や生命を創造する能力を表しています。しかも、この玉座は水に囲まれていますから、まさに彼女は自分のエレメントに包まれているということです。金色の冠は高次の意識（魂）とのつながりを暗示しています。手にもったフタ付きの聖杯に視線を注いでいる様子からは、彼女が直観的に中身を守っていることが伝わってきます。

カードからのメッセージ

あなたの周囲にカップのクイーンの性質を体現している人物はいませんか？　それは あなた自身かもしれません。またカップのクイーンのカードは、強烈な感情的経験とも 解釈できます。あなたの感情面に影響を与えてきた人はいないでしょうか？　あなたの 感情は何かを訴えていませんか？　自分の内面を見つめてください。自分自身を慈し み育むことに関して、何かメッセージは伝わってこないでしょうか？

逆位置の場合は？

あなたが誰かに嫉妬や羨望を感じている、または、あなたが誰かの嫉妬や羨望の的 になっていることを示しているようです。もしくは、誰かに対する疑念や警戒心を表す場 合もあります。このカードはさらに、他人の拒絶や批判を恐れず、自分の気持ちに素直に なりなさいと促しているようです。もしあなたのそばに信用に値しない人がいるとすれば、 健全な距離を置くことが必要です。

愛情／恋愛

慈愛と思いやりに満ちたす ばらしい恋愛を表しているよう です。自分の弱さを見せるこ とを恐れないでください。そ れは2人の関係を深めてくれ る感情的知性の表れなのです。 あなたのハートの声に耳を傾 けてください。自分自身を信 頼することの先に、よりすばら しい愛が待っているのですか ら。またカップのクイーンのカ ードは、母性、子ども、家庭 を表す場合もあります。

キャリア／お金

職場で直観を働かせると、 新たなチャンスに出会えます。 心を開き、創造的なインスピレ ーションを受け入れてください。 何かのプロジェクトに対して惜 しみなくサポートが提供された り、職場の誰かからのサポー トが増えたりしそうです。あな たは自分にとって大切な何か をつくり出そうとしています。そ のアイデアを守りながら、息づ かせ、成長させてあげてくだ さい。

パーソナル／スピリチュアル

直観力を伸ばすことに集中を。 夢で見たことを分析したり、夢 で受け取ったメッセージを日記 につけたりすると、内なる自己 に波長を合わせられます。イン スピレーションを与えてくれる人 たちと、できるだけ多くの時間 を過ごし、創造性を高める活動 に携わって。また、家で過ごす 時間を楽しむ、心地よい空間づ くりやリフォームにいそしむ、何 をするにも愛情をもって取り組 む、といったことに喜びを見出 すかもしれません。

Exercise　カップのクイーンは、あなたに自分の中の 何を育むように問いかけていますか？

カップのキング

思いやりと愛から行動を起こす男性的なエネルギーが、
カップのキングの内面で守られている。

正位置の キーワード	感情的な安定、共感
逆位置の キーワード	信頼性の欠如、境界線の欠如
エレメントの 組み合わせ	火と水（火はキングの特徴である行動力やリーダーシップを象徴。一方、カップのスートは、このキングを愛やあふれ出す感情を象徴する水と結びつける）

カードが示すこと

タロットではキングはそのスートの熟達者であり、安定感、権威、そして健全で男性的なエネルギーを象徴します。その中でもカップのキングは火と水という二重の性質を帯びていて、それぞれのエレメントがぶつかり合うことなく、調和しながら存在しています。

彼が座るどっしりとした玉座は、水に浮かびながらも安定しているように見えます。遠くの船はキング自身の行動力の象徴ですが、その行動力は、多くの乗客のために発揮されるものでもあります。彼は、感情の波にのまれずに大海原を渡りきるだけの力量を備えています。多くの人びとから頼られるキングは、愛と共感と直観で人びとのニーズに応えるのです。

カードからのメッセージ

カップのキングは、共感、思いやり、感情的知性にすぐれ、周囲の人びとに気を配りながらも、自分の境界線を守るために行動を起こす人物を表します。その人物はあなたかもしれません！　あるいは、はっきりと一線を引いたうえで思いやりを表現する必要がある状況を表す場合もあります。

逆位置の場合は？

あなた自身か、身近な人との間で心の境界線があいまいになっているか、感情が不安定になっているようです。精神的に誰かを頼りすぎないようにする必要があります。むしろ頼りにできるものは、あなた自身の内面にあるのではないでしょうか？　あなたはリーダーとして慕われていながら、自分の能力を疑っているのかもしれません。あるいは近い将来、コミュニケーション上の誤解がもとで、感情的に傷ついたり、相手に拒絶されたように感じたりするのかもしれません。でも、その人は単に心を開くことが苦手なだけ。悪く思わないようにしてください。

愛情／恋愛

あなたは、安定感があり、繊細で、感情的知性の高いパートナーにめぐり合います。互いに心を開くまでに少し時間がかかるかもしれませんが、いったん壁が崩れれば、深い愛情へと発展する可能性があります。絆を深めるため、思いやり、共感、サポートのエネルギーを注いでください。

キャリア／お金

あなたは職場でリーダーの役割を担おうとしているか、周囲からリーダーと見なされているようです。あるいは、何かの主義主張やイベントのまとめ役になろうとしているのかも。このカードは、あなたがすでに安定したキャリアを築いているか、絶好の投資のチャンスを存分に生かしているとも解釈できます。仕事に関して過剰な分析や理屈づけをするより、直観を大切にすると、ポジティブな結果になるでしょう。

パーソナル／スピリチュアル

人間関係の面で、あなたは明確な境界線を引こうとしている、または、守ろうとしているようです。でも、つらいときには素直に助けや感情的な支えを求めてください。あるいは、あなた自身が誰かを支えたり、導いたりする立場にあるのかもしれません。クリエイティブなプロジェクトであなたのリーダーシップを期待されているのではないでしょうか？

Exercise　自分のどんなところがカップのキングに通じると思いますか？

COLUMN 2

自分でデッキをデザインする

　自分独自のデッキをつくると、タロットとの関係をさらに深めることができます。色彩、文字、かたちなど、自由に試してみてください。まずは大アルカナから始めるといいでしょう。カードごとにエネルギーの性質をじっくり考え、そのエネルギーの本質や自分にとっての意味と合致するイメージや言葉を集めてください。それらをもとにストーリーを組み立て、カードに吹き込みましょう。そのプロセスが深い癒しと学びにつながります。

　私の『The Moon Void Tarot』は、もともとは自分専用のつもりでデザインしたものです。私はまず「愚者」を自分に見立てて描くことから始めました。裸で目を閉じた私が肩越しに小さな荷物を携えて海から遠ざかっていきます。こうして自分を唯一の登場人物にして、大アルカナのそれぞれの元型（時代や文化に関係なく人類の無意識の中に受け継がれ、神話・伝説・夢などに繰り返し登場する心的な像）イメージを描いていきました。

　自伝的な要素の強いデッキになりましたが、そのおかげで各カードの知識が深まっただけでなく、直観力も研ぎ澄まされました。自身の人生経験を具体的に表現することで、私は精神的に浄化され、自分の中にある、立ち直る力や勇敢さに気づかされたのです。

　最初から1セット分のデッキをつくるのは難しいかもしれません。とりあえず1枚だけ試してみてはどうでしょうか？

CHAPTER 6

Minor Arcana
Pentacles

小アルカナ「ペンタクル」

　4つのスートはそれぞれのエレメントの旅を描き出していますが、ペンタクル（金貨）は地のエレメントに属します。占星術では地の星座、つまり、牡牛座、乙女座、山羊座に当たり、お金、肉体、自然、安定感、そして、有形のものや五感に訴えるもの、物質的な豊かさのすべてを象徴しています。ちなみに、ペンタクルの象徴性をお金、健康、安定感と関連づけて覚えるのに便利なフレーズがあります。たとえば、「金のなる木はない」がその1つです。とはいえ、紙幣の原料は木なのですが！　また、「将来の成長を見込んで種をまく」も地のエレメントを思い起こさせるフレーズです。堅実さや安定感を表す「地に足の着いた」という表現もあります。そして、私たちの多くにとって、生きるうえでの安定感は十分な富をもつこととも関連しています。

PENTACLES

Ace of Pentacles

ペンタクルのエース

新たなものごとが幸先よく展開しつつある。
心を開いて、神からの贈り物を受け取りなさい。

正位置の キーワード	新たな始まり、豊かさ
逆位置の キーワード	豊かさの遅延
数秘術	1、新たな始まり、個人

カードが示すこと

　地のエレメントに根差した、新たな始まりという贈り物が差し出されていることを表すカードです。雲間から現れた神の手が、五芒星（星型五角形）の描かれた金貨を差し出しています。その下にある草花の生い茂る美しい庭は豊かさや繁栄の象徴です。

　この庭には成功に必要なものはすべてそろっています。さあ、冒険に必要なものをもって、花のアーチの向こうの世界へ飛び出してください。あなたがまいた種はいずれ大地に根を張り、人生の試練に立ち向かうあなたの支えとなるでしょう。

カードからのメッセージ

宇宙からのチャンスや贈り物を意味します。それは現実的なかたちでやってくるでしょう。たとえば、新しい仕事や予想外の収入かもしれません。また、新たな始まりを意味するカードですから、より裕福になるための第一歩を踏み出す、とも解釈できます。無限の成長の可能性を秘めた変化が起きようとしています。チャンスをしっかりつかんで、放さないでください！

逆位置の場合は？

あなたにはチャンスが見えていないようです。おそらく頑張りすぎているか、間違った方向に進んでいるのでしょう。握った手を緩め、コントロールしたいという気持ちを解放しなさい、と宇宙があなたに促しています。心を開いて高次の助けを受け入れてください！　目の前に差し出されているのに見えていないのは、あなたが想像していたものと違うからでしょう。

愛情／恋愛

新たな恋愛が始まろうとしているか、すでに重要な交際が始まっていて、さらに安定的な地に足の着いた関係に発展しそうです。あなたは2人で大きな決断を下すことによって、真剣な付き合いに発展させたいと感じているのでは？　大きな決断とは、たとえば家の購入もその1つです。より豊かで安定した愛情生活が望めるときです。リラックスして、その恩恵にあずかりましょう。

キャリア／お金

新しい仕事、昇給、またはチャンスがめぐってきて、収入と安定感の面で報われることになるでしょう。新しいオフィスを探していた人は、不動産や新築物件で好条件を期待できます。新たなキャリアパスに向かう準備が整いました。より安定した豊かな生活が得られるでしょう。

パーソナル／スピリチュアル

あなたはセルフケアやウェルネス（心身の健康増進）の面で新しい道を歩み始めています。その先には生き生きとした健康が待っているでしょう。安定感と富を生み出すチャンスを見逃さないでください。そのチャンスは相続や贈与のかたちでやってくるかもしれません。

Exercise　ペンタクルのエースはどんな贈り物を差し出していますか？

PENTACLES

Two of Pentacles

ペンタクルの2

最も重要なものを優先すれば、バランスがとれるようになる。

正位置の キーワード	バランス、安定感
逆位置の キーワード	緊張、無責任
数秘術	2、調和、バランス

カードが示すこと

　あなたは個人的な成長という面で大々的な変化を経験してきましたが、今や、そのエネルギーを統合し、バランスをとるべき段階に入りました。
　この絵の人物が無限大のマークでつながった2つのペンタクルをもっている姿は、一方が他方に直接的な影響を及ぼすことを表しています。彼は片足で立ち、2つのエネルギーのバランスをとろうとしているのです。その背後で荒波にもまれる2隻の船は、感情の嵐の中で安定を図ろうとして苦闘する様子を表しています。

カードからのメッセージ

やりたいこととやらなければならないことのバランスをとるのに苦労しているのでしょう。このカードがあなたに促しているのは、感情にのみ込まれてバランスを失うのではなく、感情の流れに乗ることです。人生をステップアップさせようともがくときには、いつものルーティンや慣れ親しんだ環境を一時的に手放すことになります。それは拡大にはつきものの変化なのです。ただし、健全なレベルアップのためには、穏便なアプローチが必要です。自分で対処できる無理のない範囲で取り組みましょう。そして、圧倒されそうなときには助けを求めてください。

逆位置の場合は？

人生が緊張状態にあることを示しています。そのせいであなたはバランスを失っているか、不安定になっているようです。お金に関するルーズさや無駄遣いとも考えられます。でも、こうした問題は一時的なものです。自分が横道にそれていることを自覚し、軌道修正すれば、すぐにバランスを取り戻せるでしょう。

愛情／恋愛

恋愛が楽しすぎて、相手との関係と自分のスケジュールの間でバランスをとりにくくなっているようです。ロマンスを楽しむのはいいのですが、他のものごとや他の人のための時間も確保を。まもなく2つの関係の間で選択を迫られることになるかも。無責任な二股交際をしていませんか？ 恋愛を楽しむときにはバランス感覚も大事にしてください。

キャリア／お金

お金をめいっぱい有効活用できるように、お金の管理や予算のやりくりにエネルギーを注いでください。今の仕事と、副業や情熱を傾けているプロジェクトとの間で選択を迫られるかもしれません。キャリアと家庭生活のちょうどいいバランスを見つけてください。要するに、仕事で手を広げすぎるなということです！

パーソナル／スピリチュアル

人付き合いと仕事の適切なバランスを見つけるのに苦労しているのではないでしょうか？ 情熱を注ぎたいことと、やらなければならないことのどちらか一方を選ぶのは難しいものです。たとえ予測不能の試練に直面したとしても、あなたには、人生のどんな領域にも対処できる能力があります。自分を信じてください。

Exercise あなたの人生でもっとバランスが必要なのはどんなところですか？

Three of Pentacles

ペンタクルの3

チャンスという名の新しい扉から堂々と入るとき、
繁栄をもたらす拡大はすぐそばにある。

正位置の キーワード	成功、新たな扉が開かれる
逆位置の キーワード	燃え尽き、自信の欠如
数秘術	3、協同、拡大

カードが示すこと

あなたはこれまで人生のバランスをとるための努力を重ねてきました。そして今、拡大のチャンスを迎えています。

このカードは、3人の人物が活発に議論を交わしながら、人生をよりよくするための計画をいっしょに練っている様子を描き出しています。ベンチの上の男性は職人ですが、すぐれた専門技能を有するため、他の2人の上位に立って自分のビジョンを説明しています。建物に掘られた精巧な3つのペンタクルからは、彼らの共同作業が安定的で長期にわたるものであることが伝わってきます。

カードからのメッセージ

自分のアイデアに自信をもって、誰かと共有し、あなたの情熱にかなうプロジェクトや仕事を引き受けてください。あなたの仕事は高く評価されるだけでなく、新たなチャンスの扉も開いてくれるでしょう。あなたが待ち望んでいた豊かさのレベルが、ようやくワンランク上がろうとしています。だから自分の能力とスキルを疑わないでください。夢に描いていた豊かな未来を実現するために、あなたはやるべきことをやってきたのです。

逆位置の場合は？

自信のなさや、仕事のレベルを一段引き上げることへの大きな恐れを暗示しています。あなたがほんとうに成長したいなら、安全地帯から離れるべきときです。あるいは、仕事で燃え尽きてしまったと感じている可能性もあります。そうだとすれば、一休みしてください。それくらいであなたのキャリアに傷はつきません。休むことで活気がよみがえってきます。頑張りすぎは禁物です。

愛情／恋愛

気後れするかもしれませんが、もっと自分をアピールするべき。あなたにインスピレーションを与え、やる気をかきたててくれる人たちと交流しましょう。なぜなら友人を通じてロマンチックな出会いがありそうだからです。すでに恋人がいるとすれば、クリエイティブな事柄や家庭に関する事柄を通じて、今の関係が発展・拡大しそうです。

キャリア／お金

キャリアの面で、もうすぐ新たなチャンスがめぐってきます。怖気づきそうな仕事にも敢えて応募して、あなたの有能さを知ってもらいましょう。あるいは、起業に向けて一歩踏み出してはどうでしょうか？　今こそ、自分を輝かせるべきときが来たようです。

パーソナル／スピリチュアル

不安の真っただ中にあっても堂々としていれば、さまざまなかたちで成長・拡大が可能です。人前で話したり、コミュニティ活動に積極的に参加したりすることで、あなたのスキルを役立ててみては？　自分の得意な分野で存在感を示し、支持者を増やすことが、充実感をもたらしてくれます。

Exercise

もっとリスクを冒して、もっと大きな夢を描くことを自分に許したら、どんな人生が待っていると思いますか？

PENTACLES

Four of Pentacles

ペンタクルの4

物質的な世界に執着しすぎると、
求める安心感はいつまでたっても得られない。

正位置の キーワード	安定感を構築する、 リソースを温存する
逆位置の キーワード	物質主義、支配的なふるまい
数秘術	4、構造、安定感をつくり出す

カードが示すこと

あなたの周りには豊かさの扉がいくつも開いています。でも、リソースと安定感に対する向き合い方を見直す必要が出てきました。

このカードでは、いかにも裕福そうな1人の男性が冠をかぶり、高い腰掛けに座っています。必要なものはすべてそろっているにもかかわらず、彼は自分の幸運が長続きするという確信がもてずにいるよう。冠の上の金貨はお金のことがつねに頭から離れないことを、胸の前でぎゅっと抱えた金貨はこの人と富との感情的な結びつきを表しています。残りの2枚の金貨は彼の足の下にあり、安心感が富と直結していることを示しています。物質的な安心感に固執するあまり、さらなる豊かさをつくり出す余地を失くしています。さらなる豊かさは、人に分け与える気前のよさや、宇宙の無限の創造力に心を開くことで得られるのです。

カードからのメッセージ

経済的な安定は誰にとっても気がかりです。しかも、一定の安定感が得られると、今度は手に入れたものを維持することに躍起になり、潜在的な成長の可能性が目に入らなくなったりもします。このカードは、あなたが安定して安全であること、そして、必要なものはいつでも手に入ることを告げています。自分がすでに手に入れたものを守りつつも、さらなる豊かさに至る道を閉ざさないでください。あなたはすでに安定感を確立したか、今、その途上にあります。努力した自分を認めてあげてください。

逆位置の場合は？

あなたはこれまで人生の物質的な面に執着してきた可能性があります。感情的・精神的な安定は、銀行口座の残高と違って目には見えませんが、物質的な安定と同じくらい重要です。不安はお金や物をかき集めても癒されません。今は自分の外側よりも内側に目を向けるべきとき。またこのカードには、全体的に過剰にコントロールしようとする傾向を緩めなさい、という意味もあります。直観に耳を傾けてください。どうすればバランスを取り戻せると言っていますか？

愛情／恋愛

あなた自身、またはパートナーは、あなたの気持ちが固まるのを待っているようです。確信がもててから、婚約指輪を用意する、住まいを買う、子どもをつくるなどの真剣な段階に向かいたいのでしょう。慎重な計画はセクシーではありませんが、次のステップに進むために、あなたたちのどちらかが安心感を必要としているのです。

キャリア／お金

情熱や創造性よりも金銭的な安心感が、あなたのキャリア選択の動機になっています。伝統的な役割を引き受けることを選んだ、あるいは、お金や投資に関して保守的になることを選んだようです。今の仕事のポジションで、直観的な導きに従って行動するより、昇給や昇進などの物理的な結果を待っているのでしょう。

パーソナル／スピリチュアル

あなたには生まれつき豊かな才能が備わっています。だから、お金ばかりに安定感を求めるのはやめにしましょう。将来や具体的な目標のためにお金を貯めているとすれば、自分のリソースに対してとても保守的になっているよう。このカードは、他者に分け与えることが人生にさらなる豊かさをもたらすことを思い出させてくれます。

Exercise　あなたはどのリソースに執着しがちですか？

PENTACLES

Five of Pentacles

ペンタクルの5

恐怖にとらわれていれば、人生は豊かにならない。
豊かさを感じることに集中すれば、みるみる状況は変わっていくだろう。

正位置の キーワード	欠落ばかりに目が向く、身体的 または財政的に枯渇を感じる
逆位置の キーワード	試練から抜け出す
数秘術	5、試練、困難

カードが示すこと

困難な状況に置かれたときには、宇宙の豊かさに対するあなたの信頼が試されます。

このカードには、貧困にあえぎ、身体的な苦痛を抱えていると思われる2人の人物が、雪の中をとぼとぼと歩く様子が描かれています。2人のすぐそばには教会の美しいステンドグラスが見えます。樹木をかたどった5枚の金貨を描いたステンドグラスは、その場所が慈善的な援助を行う温かい聖域であることを表しています。ところが、2人は、自分たちにはその施しを受ける資格がないと感じ、頑なに歩き続け、下降線をたどるのです。

カードからのメッセージ

欠落感や喪失感、欠乏への恐れを表しています。こうした感情は、失業から来ているか、リソース不足につながる一連の状況に端を発しているのかもしれません。自分にないものばかりに目を向けていると、差し出された援助の手に気づくことができません。「見えないから信じない」という思考を「信じないから見えない」にシフトさせたとき、あなたの内面に豊かさが生まれてきます。自己の価値への肯定と高次の存在への信頼が、どんな欠落の時期をも乗り越えさせてくれるのです。

逆位置の場合は？

経済的な試練から抜け出そうとしているのに、逆戻りしたらどうしようという恐怖心があなたの中でくすぶっているようです。スピリチュアルな実践を。状況が変わりつつあると信じるだけでもいいのです。それが、欠落感や喪失感を手放すための後押しになるでしょう。

愛情／恋愛

別れの経験は安定感を奪うもの。別の誰かに心を開き、新たな恋を始めることが難しいと感じるのも無理はありません。でも、愛の豊かさをめいっぱい経験するためには、また安定感を失ったらどうしようと思い悩むのをやめにすべきです。一方、今の関係があなたを不安にさせ、自己不信に陥らせているとしても、希望は捨てないで。今の状態はいずれ解決されるでしょう。もしかすると、関係そのものを終わらせることが解決策になるかもしれません。

キャリア／お金

あなたは失業や収入面の不安定さをめぐる恐怖と闘っているのでしょう。このカードは、実際の失業を指す場合もあれば、もっと漠然とした不安を指す場合もあります。詳細はともかく、恐怖心から起こした行動であっても、その行動が、あなたにはるかにふさわしい何かをもたらします。今はつらくても、信じていてください。あなたに必要なものがめぐってきます。

パーソナル／スピリチュアル

安定とリソースをめぐる不安に対処するため、物質的な領域からスピリチュアルな領域へ視点を移してください。高次に導きを求めれば、創造的な解決法が見つかります。まもなく健康問題が浮上しそうですが、苦痛よりも癒しに意識を向けましょう。

Exercise　あなたは欠乏感にどう対処しますか？

ペンタクルの6

Six of Pentacles

与え、受け取ることが豊かさの流れを引き寄せる。
自分が受け取りたいと思うものを人に与えなさい。

正位置のキーワード	気前のよさ、リソースを分け与える
逆位置のキーワード	下心のある気前のよさ、不平等
数秘術	6、調和、気前のよさ

カードが示すこと

あなたは気前のよさと公平さを経験するでしょう。

このカードでは、裕福な男性が足元にひざまずく人たちに金貨を差し出しています。男は上位に立っていますが、片手で天秤を掲げながら、みずからを戒めています。もてる者がもたざる者に分け与えることと同じくらい、平等は重要なのだと。このカードには、気前よく与えることと同時に、快く受け取ることも描かれています。利他的で純粋な支援行為がこのカードの特徴です。

カードからのメッセージ

与えることと受け取ることへの姿勢が問われています。与える行為には独特の報酬があります。寛大になることは気持ちがいいからです。一方、受け取る行為には抵抗が伴う場合があります。自分は与えられるだけの価値がない、受け取る資格がないと感じるのです。特にお返しに差し出せるようなものが何もないときはそうでしょう。でも、受け取ったのと同じだけ返さなければならないと感じる必要はありません。相手は与えるという行為で十分満足しているのですから。それよりも、自分が受けた親切を覚えておきましょう。チャンスがめぐってきたら、そのとき他の誰かに親切にすればいいのです。受け取ることへの抵抗が弱まれば弱まるほど、豊かさはやってきます。

逆位置の場合は？

下心のある気前のよさをたしなめているか、行為の裏に隠れた意図に気づくように警告している場合があります。あなたは見返りを期待して人に何かを与えた結果、がっかりしていないでしょうか？　覚えておきましょう。自分の時間、エネルギー、リソースを誰かや何かの状況に分け与えようとするとき、あなたが期待できる見返りは、人の役に立っているという喜びだけなのです。

愛情／恋愛

純粋な思いやりにもとづく、対等なギブアンドテイクの関係が、すでにめぐってきているか、めぐってこようとしています。気前のいいパートナーとの出会いや、贈り物が待っているようです。快く受け取ってください。誰かと分かち合い、深く結びつきたいなら、今が絶好のタイミングです。

キャリア／お金

寛大なオファー、思いがけない収入、または、多額の投資収益がやってきます。あなたがプロジェクトに費やしたものを取り戻して、爽快な気分を味わえそうです。昇給や昇進のチャンスを見逃さないで。でもそれだけではなく、職場でリソースや金銭的なサポートを必要としている人を助けてあげてはどうでしょうか？

パーソナル／スピリチュアル

相続か予想外の贈り物がやってくるか、慈善事業や困っている人への寄付を検討することになりそうです。あなたのクローゼットや自宅にあるものを必要としている人にあげると、別のところからやってくるものを受け入れるスペースが生まれます。

Exercise 今日、あなたはどうすればもっと与えられるでしょうか？

PENTACLES

Seven of Pentacles

ペンタクルの7

豊かな庭は、この先、何年もあなたを養ってくれるだろう。
だが、努力の果実を見たければ、まず手入れをしなければならない。

正位置の キーワード	成長、忍耐
逆位置の キーワード	焦り、先送り
数秘術	7、計画、熟考

カードが示すこと

このカードは、何かを育てるには、忍耐強く少しずつ段階を踏んで進みなさいと訴えています。あなたが育ててきたプロジェクト、アイデア、人間関係は、まだ完全にはかたちになっていないようです。

この絵の男性は、農具にもたれて、作物であるペンタクルを眺めています。彼は、長い間、丹念に作物の世話をしてきました。作業の手をいったん止めて、努力の成果を確かめたところ、まだ目標に到達していないことが分かりました。そのために、ここまでこられた自分を誇りに思うよりも、いらだちを感じています。でも、この一時停止は、気を取り直して仕事に戻るためのモチベーションになるはずです。彼は内心では分かっているのです。こうして眺めていても、美しいペンタクルの成長が早まるわけではないことを。

カードからのメッセージ

ゴールまであとわずかです！　でも、まだ祝杯は挙げられません。いったん立ち止まって進捗状況を振り返るなら、いらだちではなく感謝の気持ちで臨みましょう。目的地そのものではなく、そこに至るまでの旅路が冒険だと思ってください。今の状況をいっそう楽しむためには、どうすればいいでしょうか？　信じることです。時が満ちれば、あなたの努力の果実は熟し、祝福を授けられるようになります。

逆位置の場合は？

　あなたは十分な確信をもてないままゴールをめざしてきたのではないでしょうか？　それで、焦りといらだちを感じているようです。あるいは、ものごとを先送りにしていることが原因で、望むような結果を得られずにいるのかもしれません。行動計画を見直し、修正することで、自分の中のハードルを克服してください。正しい軌道に戻るためには、目標設定にちょっとした調整が必要なようです。

愛情／恋愛

　関係を大きく前進させたいと急いでいるようですが、焦りは禁物です。今この瞬間にしか味わえないスリルを楽しみましょう。宇宙はあなたにふさわしい関係を絶妙のタイミングでもたらそうとしています。辛抱強く、自分を大切にすることにエネルギーを傾けてください。

キャリア／お金

　あなたは今の仕事に失望しているのかもしれません。もっとキャリアを積んでいていいはずなのに、そうなっていないと感じているようですが、それもプロセスの一部なのです。粘り強く歩み続ければ、かならずゴールに到達します。焦らず、今までどおり献身的で勤勉なあなたでいてください。

パーソナル／スピリチュアル

　もうすぐ努力がかたちになろうとしています。だからここで諦めないでください！　自分を大切にするための日常的な時間やスピリチュアルな日課が、あなたの望んでいた変化を少しずつもたらし始めています。あなたは自分に誓った小さな約束をこつこつと守ってきました。そのことをポジティブにとらえ、感謝しましょう。塵も積もれば山となります。

Exercise

あなたにとって、ペンタクルの7に描かれた、まだ収穫に至っていない生育中の作物とは何だと思いますか？

PENTACLES

Eight of Pentacles

ペンタクルの8

何かに熟練したければ、ひたすら練習するしかない。
あなたは磨く価値のある技を選んだのだから。

正位置の キーワード	勤勉、生産性、仕事の充実
逆位置の キーワード	燃え尽き症候群、頑張りすぎ、過小評価
数秘術	8、動き、移り変わり

カードが示すこと

　自分の選んだ技術を極めることがこのカードのテーマです。
　このカードには、自分の技を磨くことにひたすら打ち込む職人の姿が描かれています。彼は、学びながら実践してこそ成功は得られることを知っています。どちらのステップが欠けても、努力に見合った金銭的報酬は得られません。彼が今の仕事に満足しているのは自分を信じているからです。毎日同じ作業に取り組んでいるのが少しも苦になりません。技を極めるために邁進しているという感覚があるからです。

カードからのメッセージ

自分の大好きなことをやっていれば、自分のやっていることが大好きになります。経済的な成功と安定感は、努力と献身の結果として得られるものです。そして、どの程度成功するかは自分次第なのです。新しい何かを学ぶにせよ、もとからいる畑（分野）でレベルアップをめざすにせよ、あなたがこれまで頑張ってきたとすれば、努力はかならず注目されるでしょう。その調子で頑張ってください！

逆位置の場合は？

あなたは燃え尽きてしまったように感じているのではないでしょうか？　今の仕事を辞めようと考えているか、自分が選んだキャリアパスに違和感を覚えているのかもしれません。頑張っているのに、意味のあることを何一つ達成できていないと感じているのでは？　厳しい質問かもしれませんが、自分に正直になってください。やり直すのに遅すぎることはありません！

愛情／恋愛

パートナーかあなた自身のどちらかが、2人の関係を発展させたいとか、子どもをつくりたいという思いから、安定的な土台を築くために頑張っているよう。どちらかが仕事中毒に陥っているのかもしれませんが、それは将来の安定を望んでのことです。もしあなたが頑張っているとしたら、遊びの時間もつくってください！

キャリア／お金

頑張りと献身が金銭的な豊かさを運んできます。今の道を進んでいけば、とんとん拍子で昇進するか、自分の会社を立ち上げることになりそうです。新たなスキルを極めると、キャリアの方向性が変わったり、不労所得が入ってきたりして、収入アップにつながるでしょう。

パーソナル／スピリチュアル

これまでの勉強や練習が豊かさという成果をもたらします。スピリチュアルな実践に磨きをかけると、ヒーリングの仕事につながるかもしれません。自分にはできると信じてください。志があれば何でもできるはずです。そして、努力を楽しめるなら、かならず成功できます。

Exercise

あなたにとって、ペンタクルの8に象徴されるような情熱を注いできたことは、何ですか？

159

PENTACLES

Nine of Pentacles

ペンタクルの9

自分が達成できたことのすべてに感謝しながら、
繁栄を楽しみなさい。

正位置の キーワード	成功、楽しみ
逆位置の キーワード	物質主義、感謝の欠如
数秘術	9、最高潮、孤高

カードが示すこと

　このカードは、あなたがつくり上げた心地よい環境をゆったりと楽しみなさい、と告げています。

　豪華な花柄のローブに身を包んだ女性（女帝をほうふつとさせる）が1人、手が汚れるのも気にせず、庭にたたずんでいます。彼女は豊かさのエネルギーを受け取るすべを心得ているのです。しかも、自分の家庭を整えることにも長けています。

　片手に載せた、頭巾をかぶせられた鳥は、繁栄を享受しながらも物欲に溺れまいとする彼女の本能の象徴です。

カードからのメッセージ

　楽しく安心なひとときを象徴しています。あなたはよく頑張ってきました。お金に関しては賢い選択をし、上手に投資をしてきたようです。また、慈善的な行為や寛大さを大切にし、自分の豊かさを他者と分かち合ってもきました。そんなあなたが丹精込めて育て上げた世界をようやく楽しむべきときがやってきました。不足を心配しないでください。必要なものはすべてそろっています。さあ、休暇を存分に楽しみましょう。自分にとって意味のある何かを買うのもいいでしょう。頑張った自分にご褒美をあげてください。

逆位置の場合は？

　浪費や過剰な物欲傾向についてやんわり指摘されているようです。思い当たるふしがある人は、維持不可能なお金の使い方を見直し、財布のひもを締め直しましょう。また、働きすぎていて人生を楽しむ時間が足りていないという解釈も成り立ちます。それもまた維持不可能な習慣ですから、見直しが必要です。人生のどこがアンバランスになっているのか、自分の直観に尋ねてみてください。

愛情／恋愛

　罪悪感にとらわれずに、自分を喜ばせることに専念しましょう。パートナーがいなくても、あなたが自分を愛する努力を続けてきたのは確かです。この先、価値観を共有できる誰かと出会う可能性も、その人と揺るぎのない関係を築く可能性もあります。アプローチを待ちわびるより、今は自分のために何か特別なことをしましょう。価値観はあなたの内側から湧いてくるものです。

キャリア／お金

　経済的な安定が得られます。獲得したものをゆっくり味わいましょう。これまで働きすぎだった人は、このへんで一休みしてください。休息をとり、リラックスして充電すれば、元気よく復帰できます。それまで仕事は待たせておきましょう！とるべき休暇をとったくらいで、あなたの豊かさは失われません。

パーソナル／スピリチュアル

　あなたは家の中の模様替えをしたり、リフォームをしたりして、自分に合った快適な環境づくりにエネルギーを費やしてきました。あるいは、しばらく家を離れていたとすれば、どこかで休暇を楽しみ、くつろいできたのではないでしょうか。ともかく、あなたに最高の安らぎをもたらしてくれるものに専念しましょう。楽しむことで精気がみなぎってきます。

Exercise　あなたが今まで成し遂げたことのうち、最も誇りに思うのは何ですか？

PENTACLES

Ten of Pentacles

ペンタクルの 10

繁栄の頂点がやってきた。新たな豊かさを手に入れた今、
愛する人たちとともに世界を創造することができる。

正位置の キーワード	富、家族、継承
逆位置の キーワード	喪失、伝統との決別
数秘術	10、サイクルの完結

カードが示すこと

　富と豊かさの共有を表すカードです。ここには、3世代で構成される家族が自宅の豊かで甘美な庭に立つ姿が描かれています。
　10個のペンタクルに囲まれているのは、彼らがお金に関して何も心配がないことを意味します。
　2匹の犬は忠誠心を象徴し、子ども、大人、老人という構図は、人間の成熟のプロセスを描き出しています。

カードからのメッセージ

あなたにとって最大の支えである家族の愛を表しています。ただし、血のつながった家族とは限りません。愛する人たちとともに過ごし、繁栄のネットワークをつくることに注力してください。そうすれば困っている人びとにも惜しみなく分け与えられるようになります。あなた自身が何かを相続するか、自分の子ども、高齢の親族、パートナーの将来のためにお金を積み立て始めるのかもしれません。そうやって、豊かな未来に備える一方で、今を楽しむことも忘れないようにしましょう。

逆位置の場合は？

家族関係の試練のときを表しているようです。あなたは、親、きょうだい、パートナーから寄せられる重い期待から逃れて、自分の道を切り開きたいと感じているのかもしれません。財産をめぐる対立、または家庭内でのいざこざが起きる可能性もあります。もしくは、快適な居場所を確立したことで、そこを離れて次のレベルへ移るのが恐くなっているとも解釈できます。でも、あなたは直観的に変革のときが来たことに気づいているはずです。

愛情／恋愛

長期的な関係に発展しそうな相手とすでに交際しているか、交際を始めようとしています。長期的な関係とは、結婚し、マイホームを購入し、子どもをつくり、ともに白髪になるまで添い遂げるような関係を意味します。また、あなたは、伝統的な価値観、豊富なリソース、気前のよさを共通点として相手に求めているのかもしれません。パートナーを実家の家族に会わせるか、友だちに紹介するのによいタイミングです。

キャリア／お金

家族経営の事業を始めようとしているか、家業を継ごうとしているようです。あなたには家族のサポートと豊富なリソースがあります。あるいは、親しい友人とパートナーシップを結ぶのかもしれません。惜しみない支援の手が差し伸べられるでしょう。もしかすると、あなたが職場の誰かに手を差し伸べるのかもしれません。

パーソナル／スピリチュアル

家を買う、または、不動産や金銭を相続する可能性が考えられます。また、家族か交友関係のある重要な人物から、厚意を受ける可能性もあります。たくさんの愛とサポートがあなたの夢の追求を後押ししてくれるでしょう。とくに、あなたが尊敬する年配の賢い人たちにアドバイスを求めるとうまくいきます。

Exercise あなたにとって究極の物質的成功とはどのようなものですか？

PENTACLES

Page of Pentacles

ペンタクルのペイジ

繁栄のメッセンジャーが安定という名の知らせをもたらす。
地道に、熱心に取り組みを続けなさい。

正位置のキーワード	現実化、堅実な始まり
逆位置のキーワード	先送り、しっかりした計画の欠如
エレメントの組み合わせ	地と地（地はペイジの特徴である自然とのつながりや安定感を表す。しかも、ペンタクルのスートも地と結びつき、このペイジの現実主義と地道な努力という地の性質を2倍に強めている）

カードが示すこと

タロット内のメッセンジャーと呼ばれ、若々しいエネルギーを帯びたカードです。実在する子どもや年下の人物を指し示している場合もあれば、あなた自身のインナーチャイルドからの「将来に向けて繁栄の種をまきなさい」というメッセージを表している場合もあります。

ここには、美しい野原の真ん中で、手にしたペンタクルを誇らしげに見つめるペイジが描かれています。緑色のチュニックと自然の風景は彼と大地とのつながりを表しています。一方、ペンタクルをじっと見つめる姿勢は、彼がビジョンをもち、目標達成に余念がないことを物語っています。

カードからのメッセージ

　ペンタクルのペイジは新人や初心者、つまり、新しい環境や職業で自分の立場を確立しようとしている人を表している場合や、物事の初期段階での取り組みや、新たな道へ歩み出すことを意味する場合があります。あなたが現実に根差した取り組みを続けているとすれば、集中した地道な努力によって、長期的な豊かさを実現できます。さまざまなところからやってくるメッセージに、心を開いてください。とくにあなた自身の直観が語りかけてくるはずです。

逆位置の場合は？

　重要な目標に関して、先送りにしている何かがあるようです。結果を出したければ、これまでの姿勢を見直し、軌道修正する必要があります。あるいは、目標達成への進展が見られないことへのいらだちや、途中をすっ飛ばして一気にゴールインしてしまいたい気持ちを表す場合もあります。エネルギーを注いでいる物事や努力の対象が期待どおりに進展していないとすれば、そろそろ方向性を変えるべきときかもしれません。

愛情／恋愛

　安定的な関係に発展する可能性を秘めた出会いがありそう。相手は個人的な目標を掲げ、取り組みを始めたばかりの人かもしれません。その人との関係を確かなものにするための基礎固めにエネルギーを注ぐと◎。このカードはロマンチックというよりも現実的かもしれませんが、あなたの恋愛が、安定感と信頼性の高い人物を中心に回っている、または、そういう人物を求めていると解釈できます。

キャリア／お金

　職場で新しくて喜ばしい何かが始まろうとしているか、投資のチャンスがめぐってくるか、または、新たな事業のアイデアが浮かびそう。どれも慎重な計画が必要なことばかりです。あるいは、キャリアの面で関心の対象を広げたり、新たなスキルを身につけたり、収入源を開拓したりするのかも。集中して取り組んできたことがあなたを着実に前進させています。落ち着いてアイデアを行動に移してください。

パーソナル／スピリチュアル

　あなたは、新しいクリエイティブな事柄か、健康的な習慣か、ウェルネスへの取り組みを始めるようです。初心を忘れず、粘り強く続けてください。最初はうまくいかないかもしれないことを覚悟しておきましょう。直観に耳を傾けているうちに、次のステップへと導かれ、やがて勢いがつくはずです。

Exercise　あなたはどのような新しい道に踏み出そうとしていますか？

PENTACLES

Knight of Pentacles

ペンタクルのナイト

繁栄を探し求める旅はゆっくりと着実に進む。
真の成功は長期戦なのだ。焦らずに行こう。

正位置の キーワード	長期的な豊かさ、着実な進歩
逆位置の キーワード	ためらい、自己満足
エレメントの 組み合わせ	風と地（風はナイトの特徴であるコミュニケーションとのつながりを表す。一方、ペンタクルのスートは、このナイトを安定感や自然を象徴する地と結びつける）

カードが示すこと

　どのスートでも、ナイトは馬に乗って崇高な旅から帰還し、依頼を受けて探し当てた品を差し出す姿で描かれていますが、ペンタクルのナイトだけは静止した馬にまたがっていて、地のエレメントとのつながりが強調されています。しかも、馬は「守りの堅さ」を連想させる黒色です。
　一方、ペンタクルを吟味するナイトの視線は、知性を象徴する風のエレメントとのつながりを表しています。彼が探し当てた豊かな宝物は、慎重に見きわめてからでなければ差し出せません。そのためには辛抱強さと賢明な判断が求められます。細部に気を配り、整然と行動するからこそ、彼は豊かさを確信できるのです。

カードからのメッセージ

　このナイトは一攫千金をねらった計画やお手軽な近道には興味がありません。日々の地道な努力が、最も長期的で、最も有意義な結果をもたらすことを理解しているのです。あなたの日常生活のルーティンにも同じことが言えます。人生のあらゆる領域——自分の好きなことだけでなく——と真剣かつ熱心に向き合うことが、さまざまなかたちで豊かさをもたらすのです。目標を設定し、燃え尽き症候群にならないように現実的なステップを踏んでください。そうすれば、日常生活は成功をもたらす日課へと生まれ変わるでしょう。

逆位置の場合は？

　行動することへのためらいを意味します。あるいは、仕事や人間関係における不健全な自己満足が、エネルギーの停滞を引き起こしているとも読めそうです。自分の直観に波長を合わせ、問いかけてみてください。「人生のどの部分でポジティブな変化を起こせば、エネルギーの向きを変え、流れを取り戻せるだろうか？」と。

愛情／恋愛

　あなたのパートナーは、わくわくさせてくれるような華やかなタイプではないかもしれませんが、安定感があり、堅実で信頼できる人です。情熱的というより官能的で、ものごとをゆっくり進める人のようです。2人の関係は、興奮や激しさではなく、信頼と安定感のうえに成り立っています。とはいえ、今の関係を長続きさせたいなら、あなたもゆったりと構える必要があります。

キャリア／お金

　せっかく投資してきたものが、ほとんど効果を上げていないように見えるでしょう。でも焦りは禁物！　ものごとの有機的な展開を待っていれば、豊かな結果がもたらされます。目標に向かって着実な行動をとり、忍耐と現実的な期待をもち続けましょう。仕事を探しているか、未経験業種への転身を考えている場合、絶好のチャンスがくるまでに少し時間がかかりそう。でも諦めずに楽観的でいてください。

パーソナル／スピリチュアル

　個人的な目標に向かって、毎日ささやかでも意味のある行動をとること、または、健康的なルーティンを実践することが、今のあなたにとっては最善策です。もうすぐ、健康面か収入面にポジティブな変化が現れるでしょう。困ったときは、安定している友人か家族に頼ることも忘れないでください。

Exercise

あなたはペンタクルのナイトに
何を差し出してもらいたいですか？

PENTACLES

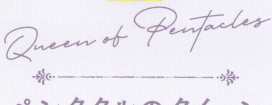

ペンタクルのクイーン

養育力と信頼性という女性的なエネルギー、そして自然との強いつながりが、ペンタクルのクイーンの内面で保たれている。

正位置の キーワード	寛容、頼りになる
逆位置の キーワード	物質主義、頼りにならない
エレメントの 組み合わせ	水と地（水はクイーンの特徴である愛や感情とのつながりを表す。一方、ペンタクルのスートが、このクイーンを安定感や自然とのつながりを象徴する地と結びつける）

カードが示すこと

クイーンは、受容力、創造力、養育力、愛など、水のエレメントに関連する女性的なエネルギーの象徴ですが、とりわけペンタクルのクイーンは、自然とのかかわりが深く、地の性質も帯びています。そのことは、美しい花やつる植物に囲まれた彼女の玉座からも伝わってきます。

このクイーンは自分の身体と健全な関係をもち、本能に従って決断を下します。堅実で、頼りがいがあり、責任感が強く、賢明でもあります。彼女の視線は、愛おしそうにもつペンタクルにだけでなく、その下の地面そのものにも注がれているようです。両足を地面にしっかり着けた彼女は、無限のリソースがみんなと共有すべきものであることを知っているのです。

カードからのメッセージ

ペンタクルのクイーンの性質を体現したような実在の人物を表している可能性があります。その人物はあなた自身かもしれません。あるいは、あなたの身近なところに存在する信頼性や養育力というエネルギーを表している場合もあります。あなたを支えてくれている人たちの中に、この種のエネルギーを体現している人はいないでしょうか？あるいは、自分自身に当てはめて考えてみてください。自分の身体との向き合い方や、自然とのふれあい方、その豊かさの味わい方に、このクイーンを思い起こさせるようなところはありませんか？

逆位置の場合は？

人生の物質的な面にばかり意識が向いているため、霊的な面とのバランスを見直す必要があるようです。このカードはまた、頼りにならなくなった身近な人物を指し示している場合もあります。腹を立てるのではなくて、相手にあなたの望みを伝え、そのうえで必要な調整をしましょう。一方で、あなたの意志決定プロセスに干渉する人物を表しているとも考えられます。あなたは自分の幸せを後回しにしてまで、誰かの機嫌をとろうとしていないでしょうか？

愛情／恋愛

何かを育てる能力が高く、信頼でき、官能的で、頼りがいがある恋人を表しているのかも。あるいは、あなたにそういう関係性を育てるように促しているか、すでにそういう関係性が成立している可能性があります。いずれにしても強力な息の長いパートナーシップを望むなら、こうした性質は不可欠。このカードは、母性、妊娠、子どもをつくることを意味する場合もあります。

キャリア／お金

尊敬する人物（上司、メンター、ライフコーチなど）に支えられて、キャリアに磨きをかけられるでしょう。あなたは目標に向かって確実に前進しています。現に、直観に耳を傾け、賢い選択をしているのではありませんか？　家族や親友からの全面的なサポートを信じてください。キャリアの成功に自信をもてるよう親身になってくれるでしょう。

パーソナル／スピリチュアル

母親か母親的な人物との関係を見直すこと、自分自身のインナーチャイルドに母性愛を注ぐこと、あるいは、現実に子どもとふれあうことが求められているようです。健康に意識を向け、自然の中で過ごしながら自分の身体をいたわってください。家の掃除や手入れ、料理、ガーデニングにも、リラックス効果が期待できます。

Exercise　あなたはどんなふうに自然とふれあい、自然の豊かさを味わっていますか？

PENTACLES

King of Pentacles

ペンタクルのキング

安定感と堅実さ、威厳と寛大さを伴って行動する男性的なエネルギーが、ペンタクルのキングによって体現されている。

正位置の キーワード	富、気前のよさ
逆位置の キーワード	貪欲、自己中心性
エレメントの 組み合わせ	火と地（火はキングの特徴である情熱、行動、リーダーシップを表す。ペンタクルのスートは、このキングを安定感や自然とのつながりを象徴する地と結びつける）

カードが示すこと

　キングはそのスートのエレメントを極めた存在であり、安定感、権威、健全な男性的エネルギーの象徴です。その中でも、ペンタクルのキングは火と地のエレメントの平和的な共存を体現しています。

　熟した葡萄の実とつるに覆われた派手な柄のローブ、花で飾られた王冠、豊かに生い茂る庭に置かれた玉座、その背後には壮大な城が姿をのぞかせています。必要なものをすべて手に入れた彼は贅沢を楽しむ一方で、城に住み働いている人たちをも養っているのです。

カードからのメッセージ

経済的な安定、気前のよさ、やる気を特徴とする人物を表しています。つまり、それはあなたかもしれません！　あなたがリーダー役を引き受けたり、誰かの代わりに財政的な決断を下したり、目標を達成するための行動を起こしたりしなければならない状況に置かれる、とも考えられます。自分のリソースを誰かのために使う必要があるかもしれません。

逆位置の場合は？

強欲な人、または、物質的な豊かさにしか興味のない人を表している可能性があります。それは父親的人物かもしれませんが、あなた自身が無理やり結果を出そうとして自分に厳しく当たっているとも考えられます。あるいは、外見にしかこだわらない人やひたすら自己中心的にふるまう人との対立が起きているのでしょう。表面下の真理に目を向けてください。あなたは、これまでに築いたリソースを気前よく人に分け与えることのできない自分自身との間で葛藤しているのではありませんか？

愛情／恋愛

お金持ちで気前のいいパートナーと出会うか、今のパートナーとの関係がお金や責任の面で新たな段階を迎えそう。後者の場合、家庭や子どもをもつことに関して、あなたには次のステップを踏み出す覚悟があるのでは？　双方が安定と繁栄をリラックスして楽しめる関係を連想させるカードです。幸せを共有できることを喜んでください。2人で休暇をとる、贅沢なプレゼントを贈り合うなど、お互いを甘やかしましょう。

キャリア／お金

経済的な成功と安定がすぐそこまで来ています。パートナーか投資家が現れて、目標達成を支援してくれそうです。あるいは、あなたがリソースを使う側に回る可能性もあります。たとえば、あなたの畑（分野）に参入しようとしている人に、人脈を紹介したり、メンターの役割を果たしたりするのかもしれません。

パーソナル／スピリチュアル

自分自身か周囲の誰かに健全な男性的エネルギーを感じているようです。それは、頼りになる父親的人物だったり、あなたの内面にいる父親的人格だったり、あなたの子どもの父親だったりします。あなたは自分のリソースを人助けに役立てたくて、その方法を探しているのかもしれません。情熱を傾けられるような活動に資金を提供する、困っている人たちのために時間を使う、などが考えられます。

Exercise　どの分野なら自分のリソースをもっと気前よく分け与えられると思いますか？

COLUMN 3

よくある質問

Q.1 タロットにはどんなタイプの質問をすべきですか？

A 「イエス・ノー」を求める質問や「いつ、どのように、なぜ」の質問ではなくて、生産的な質問をしてください。こんなふうに言い換えるといいでしょう。たとえば、「私はいつソウルメイト（魂の伴侶）に出会いますか？」ではなくて、「今の私の恋愛関係のエネルギーを表すカードはどれですか？」「私が心を開き、健全な恋愛関係を受け入れるためにできることは何ですか？」と尋ねましょう。お金やキャリアについて知りたいなら、「いつ昇給しますか？」ではなく、「収入を増やすためには、自分のエネルギーをどこに集中させるべきですか？」「人生に新たな富のチャンスをもたらすためには、どんな隠れたポテンシャルに気づくべきですか？」のほうが生産的です。

Q.2 ネガティブなカードはどう扱えばいいですか？

A 発想を転換しましょう。ネガティブなカードなんて存在しないのです！　たしかに、〈死神〉、〈悪魔〉、〈ソードの9〉などは人生の明るいとは言えない面を突きつけてくるカードですが、本質的にネガティブでも悪いものでもありません。気持ちをざわつかせるカードは、私たちが難しいと感じている人生の領域を指し示しています。恐怖心ではなく好奇心をもってカードと向き合えば、人としてのさらなる成長と癒しの可能性を広げてくれるでしょう。

CHAPTER 7

Minor Arcana
Swords

小アルカナ「ソード」

　ソード（剣）は風のエレメントのスートです。占星術で
は風の星座（サイン）の双子座、天秤座、水瓶座に相当し、思
考、アイデア、口頭や文面で伝えられる言葉を象徴しま
す。ソードの象徴性をコミュニケーション、思考、アイ
デア、ものごとの真理と関連づけて覚えるのに便利な方
法があります。それは次のようなフレーズを思い浮かべる
ことです。たとえば「真理の剣」、「真理は痛みを伴う」、
「ペンは剣よりも強し」がそうです。陰口をたたく行為は
「backstabbing（背中を刺す）」と言われています。ソ
ードをコミュニケーションにたとえる表現はさまざまにあり
ますが、概して不愉快な意味のようです。

SWORD

ソードのエース

意識の冴えと新しいアイデアが目の前に差し出されている。
心を開き、神からの贈り物を受け取りなさい。

正位置の キーワード	明晰さ、新しいアイデア
逆位置の キーワード	混乱、優柔不断
数秘術	1、新たな始まり、個人

カードが示すこと

　新たな始まりという贈り物を表すカードです。鋭い洞察力と発想力がもたらされるでしょう。

　雲間から現れた神の手が一本の剣を差し出し、そのてっぺんには冠が載せられています。冠は、明晰な頭脳と明確なアイデアを象徴し、それらは受け取られ次第、利用可能であることを意味します。その冠からは勝利の花輪を思わせる羊歯の葉が垂れ下がっています。

　一方、神の手とソードの下に連なる山々は、地上よりもはるか高いところに置かれた視点を表しています。洞察力という天からの贈り物を受け取れるのは、ハイヤーセルフ（高次元の自分自身）の能力なのです。

カードからのメッセージ

ソードのエースは、すぐれたアイデア、頭の冴え、迅速な行動に必要な瞬時の判断力を表しています。新しいアイデアが実を結ぶためには、すみやかな行動が必要なようです。誰かと重要な対話を始めること、あるいは、相手と真剣に向き合うことが、よりよい結果をもたらします。胸躍らせながらプロセスの第一歩を踏み出してください。直観がその先のステップを教えてくれるでしょう。明るい兆しが出ています!

逆位置の場合は?

混乱や誤解を示唆している可能性があります。あなたは、何かの状況や関係性を勝手に分析していないでしょうか? 分からないことは積極的に尋ねたり、情報を求めたりしてください。またこのカードの逆位置は、敗北感、ためらい、もしくは、考えが伝わらない心のもやもやを表す場合もあります。対決はつらいものですが、傷ついた気持ちを晴らすには最善の方法です。

愛情／恋愛

ためらわずに新たな関係や出会いのチャンスに賭けましょう。すでに付き合っている人がいるなら、新たな気づきが得られ、視界が開けてきて、前向きな行動につながります。このカードは、現在または次の交際で、相手とのコミュニケーションが改善されることを意味する場合もあります。

キャリア／お金

あなたは事業を増強・拡大させる新たなアイデアを発見しようとしています。財政状況を覆っていた霧がようやく晴れ、改善の見通しが立ってくるでしょう。キャリアの面で新たな始まりを経験しやすい時期です。たとえば、起業する、今の会社で昇進を勝ちとる、などの可能性が考えられます。

パーソナル／スピリチュアル

スピリチュアルな実践を深めなさい、直観的な才能を開花させなさい、という呼びかけです。その過程で何かがひらめいたら、細かいことは気にせず、行動に移して。その先のステップは直観が教えてくれます。ただし、直観の扉を開くためには、勇気をもち、率先して行動することが必要。友人や身近な人たちとのコミュニケーションが改善され、心のもやもやが晴れてくるでしょう。

Exercise ソードのエースが差し出している明晰さ、明確さとは、どのような贈り物だと思いますか?

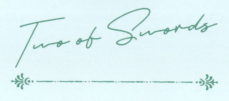

ソードの2

真理を見ようとしなければ、直観は遮られ、身動きもとれず、
中途半端な状態に陥ったままになる。

正位置の キーワード	優柔不断、自己防衛
逆位置の キーワード	操作、直観が遮られている
数秘術	2、二元性、選択

カードが示すこと

　選択肢が複数あると、ためらいが生じて、大胆な選択ができなくなる場合があります。
　このカードは1つのことに専念できない優柔不断さを表しています。絵の中の目隠しをした女性は直観に頼るしかありません。視界が遮られているからです。手には2本の剣をしっかり握り、痛みから身を守ろうとするかのように胸の前で交差させています。
　岩だらけの海に背を向けて座る姿は、まるで、そこに海などないとでも言わんばかりです。でも彼女の直観は、決断を下さねばならないことを知っています。ただ、痛みを経験したくないという恐怖が前進を妨げているのです。

カードからのメッセージ

優柔不断さは、何もしないことを選んで陥る恐怖と同じくらい苦しいものです。選択を誤ったらどうしようという恐れが、あなたを麻痺させ、決まった思考パターンから抜け出せなくするのです。誰かにアドバイスやサポートを求めれば、多少は気が楽になるでしょう。でも結局、直観に耳を傾け、自分の意志で行動しない限り、あなたが求める安心は手に入らないのです。

逆位置の場合は？

他人の考えや意見に影響されすぎていないでしょうか？ そうだとすれば、直観が発する明確なメッセージを受け取れなくなっているのかもしれません。自分らしい決断を下せるように、他人の声のボリュームを下げ、自分の内なる声に周波数を合わせてください。

愛情／恋愛

パートナーや交際に関して、あなたは危険信号を無視しているか、決断をためらっているのでは？ 2人のパートナーのどちらかを選ぶよう迫られているのか、はたまた、1人の相手をめぐって複雑な選択肢を突きつけられているのか？ 傷つくのを恐れて衝突や対決を避けているとすれば、自分の可能性を狭めているようなものです。愛することへの恐れを手放してください。

キャリア／お金

キャリアや投資に関する決断は、あらゆる選択肢を検討してから下しましょう。ネガティブな結果を恐れるあまり、優柔不断に陥り、お金をめぐる決断から逃げているようです。いつまでもためらっているのはよくありません。直観に耳を傾け、腑に落ちる選択をしてください。

パーソナル／スピリチュアル

あなたは過去の経験から傷つくことを恐れ、自分を守ってきました。大きな決断の前に熟考するのは賢明なことですが、時間をかけすぎるのはよくありません。人生で何かに迷ったり、選択をためらったりしているとすれば、覚えておいてください。あなたにとって何が最善かを知っているのはあなたしかいないのです。自分を信じれば、勇気ある選択ができるはずです。

Exercise ソードの2が表している人生の難しい選択とは何だと思いますか？

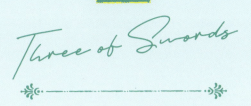

ソードの3

痛みは一時的なものだが、痛みを認めずにいれば、
その記憶は居座り続ける。

正位置の キーワード	悲しみ、痛み
逆位置の キーワード	回復、痛みを解放する
数秘術	3、協同、拡大

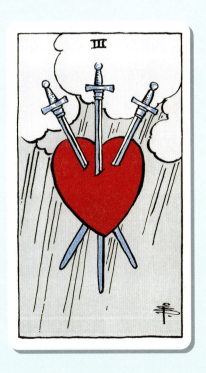

カードが示すこと

　この非常に印象的なカードでは、3本の剣が嵐の空に浮かぶ真っ赤な心臓を貫き、その周りに雨が降っています。剣はそれぞれ、胸に刺さった冷たい言葉、いつまでも消えないネガティブな考え、つらい思い出を象徴しています。空は悲しみで曇った意識の状態を表し、涙を象徴する雨は、感情を解放し、悲しい記憶を洗い流すことの重要性を指摘しています。

カードからのメッセージ

あなたは今、心が張り裂けそうな真実とそれに伴う痛みをありのままに認めるチャンスを手にしています。それは現状を指している場合もあれば、過去から引きずっている何かを指している場合もあります。心を開けば、直観がこのカードの意味を教えてくれるでしょう。この機会に自分の感情に思いやりをもち、手放し、傷を癒してください。あなたの人生から何かを退場させることが、これからの生き方に合った別の何かを受け入れるスペースをつくるのです。

逆位置の場合は？

悲しみは存在するものの、あなたは立ち直りかけています。失望や悲嘆の痛みから自分を解放する途上にあるということです。その嘆きは永遠に続くものではありません。新たな経験への希望を胸に、前を見据えてください。傷つくことへの恐れを未来にもち込むべきではありません。

愛情／恋愛

過去や現在の関係で傷ついたり、失望したりしたことが、心に重くのしかかっています。でも、つらい真実や失恋を受け入れることは重要なステップです。心の傷を癒し、感情を整理する時間になるからです。失恋は心機一転のチャンスだと思ってください。よりよい出会いがあなたを待っています。

キャリア／お金

あなたはキャリアをめぐって悲しい思いをしているようです。おそらく、失業したか、がっかりするような知らせを受け取ったのでしょう。一方、このカードは仕事仲間との口論を意味する場合もあります。職場で悲しい真実を知らされるのはつらいものですが、新たな方向に歩み出すためには、喪失感と向き合い、傷を癒す時間をもつ必要があります。

パーソナル／スピリチュアル

スピリチュアルな実践に打ち込むことが悲しみを乗り越える助けになります。自分の内面を掘り下げ、悲嘆や失望の裏側にある教訓に気づいたとき、あなたは、ほんとうの自分とつながれるようになるのです。

Exercise あなたの悲しみとはどのようなストーリーですか？
そのストーリーをあなたはどう書き換えたいですか？

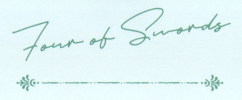

ソードの4

人生には、一時停止して思考を休ませる時間も必要だ。
休息の後は、より多くのエネルギーと冴えた頭で前進することができる。

正位置の キーワード	休息、内省
逆位置の キーワード	落ち着きがない、内省を避ける
数秘術	4、構造、安定感

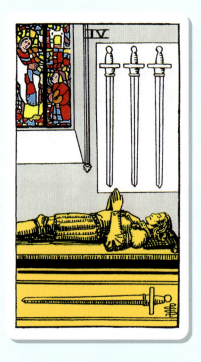

カードが示すこと

強烈な経験をして疲れ切っているあなたには、自分の内面を見つめる時間、休息と回復の時間が必要です。

この絵の騎士は墓の上の彫像として描かれていますが、このカード自体は死を象徴しているわけではなく、むしろ深い休息を表しています。祈るように合わせられた騎士の手は、瞑想やヨガやさまざまな宗教で用いられる手印（手のポーズ）を表しています。

墓そのものは世間の喧騒を逃れて過ごす静かな時間を連想させます。壁にかけられた剣は騎士に武器を休ませるように訴えていますが、1本だけは彼の下に置かれています。必要であれば、彼はすぐにでも行動を起こせるのです。

カードからのメッセージ

ソードの旅の途中の回復期間を表すカードです。リラックスして、心を静め、自分を見つめ直すことが求められています。ストレスや不安を感じているなら、瞑想を実践し、質のよい睡眠を心がけましょう。たっぷり休めば、心に余裕が生まれ、解決策につながるアイデアや直観的メッセージを受け取りやすくなります。この期間はまた、内省や呼吸法などで神経を休めることに専念するのにもいいでしょう。

逆位置の場合は？

そわそわしていたり、内省や静かな時間を避けていたりする可能性があります。あなたは、せっかく勢いがついたのだから、止まりたくないと感じているのかもしれませんが、内なる平安を見つけることが、長期的な生産性の維持につながります。このカードが出たときは、燃え尽き症候群になりかけているという警告だと思ってください。身体的・精神的なアウトプットと回復のための休息との間でバランスをとる必要があります。

愛情／恋愛

デートを一時的にお休みにするか、恋愛から少し距離を置くことが、むしろ特別な人との出会いをもたらします。実際、今のあなたは自分でも気づいているのでは？ 再び恋愛の世界に飛び込む前に、人生の優先事項を見直し、自分自身と向き合うために、独りだけの時間が必要なのだと。

キャリア／お金

仕事のストレスが続いているのでしょう。あなたは一休みしたいと感じているか、まとまった休暇をとりたいのではありませんか？ 有給休暇をとるだけでも、元気になれそうです。日々のルーティンにストレス管理術をとり入れて。生産性が上がり、より健全で持続可能な精神状態を保てます。

パーソナル／スピリチュアル

瞑想とスピリチュアルな探求に打ち込める静かな時間が、今のあなたにとって大きな救いになりそう。独りの時間をもち、自分の人生を見つめ直していると、全体的な幸福感が上がり、健康にもなります。また、これは回復のカードで、病気の療養期間や、治療、セラピー、カウンセリングが必要な時期を意味する場合があります。

Exercise どうすれば精神的にリラックスできると思いますか？

ソードの5

争いは誰にとっても不愉快なものだが、
たとえ負けたとしても、尊厳をもって立ち去ることはできる。

正位置の キーワード	衝突、口論
逆位置の キーワード	解放、わだかまりを手放す
数秘術	5、挑戦、衝突

カードが示すこと

　戦いの隠れた一面を描き出しているカードです。

　したり顔の若者が片手に2本の剣をもち、反対の手でもう1本の剣を地面に突き刺しています。足元にはさらに2本の剣が落ちています。遠くで水辺に向かって歩く2人の人物は敗者なのでしょう。見るからに落ち込んでいます。争いの余波を描いたこのカードには、葛藤や感情があふれています。衝突と喪失、あるいは、重要な人間関係を犠牲にして得た勝利を表しているのです。

カードからのメッセージ

衝突、口論、ケンカはどんな人間関係にもつきものですが、そんなときの対処の仕方によってあなたの人としての成長が期待できることを、このカードは指摘しています。何が自分の怒りの引き金を引くのか考えてみてください。あなたにとって相手を言い負かすことはほんとうに重要？　その権力争いから学べることはありますか？　場合によっては敵対的状況から身を引くほうがいいときがあることを知っておいてください。

逆位置の場合は？

前進するためには、過去を終わらせ、古いわだかまりを手放すべきときだと告げているようです。衝突の後の落としどころを探してください。直観的に、相手を赦し、けりをつけようという気になりそうです。その人と直接対話しなくてもかまいません。心の中で相手を赦したとき、あなたは解放されるでしょう。

愛情／恋愛

和解するためには、口論や不愉快な会話を避けては通れません。あなたが交際相手やパートナーから、つねに敗北感を抱かせられているとすれば、別れるべきときが来たということでしょう。情熱と激しさをよみがえらせるために恋人と口論を繰り返すのは、健全ではありません。パートナーとともに情熱を味わいたいなら、もっと生産的でためになる方法を探しましょう。

キャリア／お金

あなたは、気がつくと仕事仲間と口論になっていたり、職場で露骨な敵意を向けられていたりするのでは？　あるいは、気難しい上司のもとで正当に評価されず、無力感を覚えているのでは？　そのような平和的な改善が望めない環境、チーム、プロジェクトからは離れるべきときが来たのです。直観に耳を傾けてください。有害な人間関係や職場から脱出するように促しているはずです。

パーソナル／スピリチュアル

怒りの感情を振り返る時間をつくりましょう。そして、自分の力の使い方を見直してください。家族や親しい友人と衝突する場合、敵意の根本原因を掘り起こすことにエネルギーを注ぐのであれば、その人たちとの関係性を刷新することができます。傷ついた感情と積極的に向き合ったとき、たいていのコミュニケーションは改善されるものです。

Exercise　自分の正しさを証明するために争うことと、平和を保つことのどちらが重要ですか？

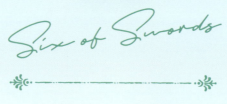

ソードの6

前進とは、未来に希望を抱きつつ、現在に平安を見出すことだ。
信じなさい。最悪なときは過ぎた。

正位置の キーワード	前進する、癒しの旅に出る
逆位置の キーワード	前進できない、その場にとどまる
数秘術	6、バランス、調和

カードが示すこと

　一連の衝突と試練を乗り越えたあなたは、このカードのように静かな船出のときを迎えています。
　ここに描かれているのは、船に乗った3人の人物が荒波の向こう側の穏やかな水域をめざして漕ぎ出す後ろ姿です。船を操る男性が行動的で男性的なエネルギーを象徴するのに対して、頭からすっぽりマントをかぶり、おとなしく座っている人物は女性のようです。この人物が直観的で女性的なエネルギーの象徴だとすれば、その隣に座る子どもは、彼女のインナーチャイルドを象徴しているのかもしれません。

一方、彼らの前に立つ6本の剣は、感情を象徴する水の上を滑らかに前進する思考の動きを表しています。

184

カードからのメッセージ

あなたは、衝突からいったん逃れて、精神的・感情的に自分を解放するように求められています。このカードは字義どおりにも比喩的にも解釈できます。癒しの旅は、あなた自身の内面で行われる場合もあれば、実際に旅に出て物理的な距離を置く場合もあるからです。後者だとすれば、その旅はあなたに恩恵をもたらし、癒しのプロセスの重要な要素になるでしょう。

逆位置の場合は？

逆位置のソードの6は、遅れや能力不足を表しています。あなたは難しい状況からなかなか抜け出せずにいるのではないでしょうか？　未解決の問題と向き合えるように直観に導きを求めてください。一方、旅行計画に遅れが出る可能性を表している場合もあります。将来の計画を強引に推し進めるより、今、自分が置かれている状況に集中しましょう。

愛情／恋愛

あなたは1つの交際を終えようとしているか、苦難の多かった関係を乗り越えつつあるようです。いずれにしても、より穏やかで調和のとれた時期に向かっています。パートナーと暮らし始めることや、子どもをつくるために引っ越すことを考えてもいいでしょう。誰にとってもものごとが好転する時期です。

キャリア／お金

あなたは、まもなく仕事を辞めるか、今の状況を離れることになるでしょう。その先には、はるかに有利なキャリアのチャンスがあります。お金の面でもポジティブな変化が起きようとしています。仕事のために引っ越す可能性が出てくるようです。その兆しが見えたら、すかさずチャンスをつかんでください。

パーソナル／スピリチュアル

スピリチュアルな旅／癒しの旅が新たな段階に入りました。これまで奮闘してきたあなたは、平和な時期を迎えつつあります。転居や旅行の計画が驚くほど活力をよみがえらせてくれるはずです。

Exercise　あなたは、この船に乗っています。どこへ向かっていると思いますか？

185

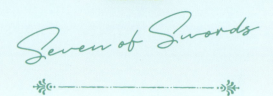

ソードの7

直観に耳を傾けなさい。そうすれば、自分の目と鼻の先で何が奪われ、何が隠されているかが明らかになるだろう。

正位置のキーワード	欺瞞、戦略
逆位置のキーワード	無秩序、猜疑心
数秘術	7、計画、熟考

カードが示すこと

タロットの悪名高き盗人があなたの目の前にいます。それがソードの7なのです！

薄ら笑いを浮かべた男が5本の剣をこっそりともち出そうとしています。抜き足差し足でテントから出てきたようですが、男の後ろにはまだ剣が2本残されています。

黄色の背景からは、彼が白昼堂々とことに及び、自分の行いを隠すつもりがないことが伝わってきます。なぜなら黄色は覚醒状態を象徴するからです。このカードに限らず、すべてのソードはアイデア、思考、コミュニケーション形式を象徴していますから、ここに描かれている窃盗の対象は、かならずしも物理的な「もの」とは限りません。

カードからのメッセージ

欺瞞や嘘の可能性を警告しています。誰かがあなたに対して不誠実なのかもしれないし、あなたが自分自身に嘘をついているのかもしれません。あるいは、自分のニーズをざっくばらんに明かさず、それでいてほしいものを手に入れるために、何らかの戦略や巧妙な戦術を弄しているという意味かもしれません。でも、残された2本の剣は、正直さと率直なコミュニケーションによって、状況をとらえ直すチャンスはつねにある、と告げています。だから、自分に問いかけてください。このカードがあなたに向き合うように求めているものとは、何でしょうか?

逆位置の場合は?

何らかの計画や戦略があなたにとって有利に働いていない可能性があります。どうやら視点を変えてアプローチする必要がありそうです。せっかくのアイデアを諦めないでください。考えを整理し直して、別の角度から取り組めばいいのです。あるいは、この逆位置のカードは、誰かや何かが自分を邪魔しているのではないかという猜疑心や誤った思い込みを表している場合もあります。あなたの中の直観が告げている真実と、恐怖心のたわごとを聴き分けてください。

愛情／恋愛

すべてが見た目のとおりとは限りません。パートナーがあなたに嘘をついているか、何かを隠しているようです。それでもあなたは見て見ぬふりをしているのではないでしょうか? 今こそ正直になるべきときです。相手と率直かつ明確なコミュニケーションをとってください。

キャリア／お金

不誠実な行動が職場に蔓延しています。求めるものを得るためには、戦略を立てて臨む必要があります。さもなければ、状況が悪化しすぎる前に職場を離れるべきです。また、もしあなたが自分の財政状態に目をつむり、自己欺瞞に陥っているとすれば、現実と向き合い、ざっくばらんにそのことを誰かに打ち明けましょう。

パーソナル／スピリチュアル

あなたがこれまで自分のプライベートな一面を隠してきたとすれば、今は正直に打ち明けるべきときのようです。あるいは、身近なところであなたを操り、あなたのアイデアや時間を盗んでいる人がいるのではないでしょうか? あなたが人間関係や状況や行動の真実を見ようとせず、自分を騙しているとすれば、心の傷は深くなるだけです。

Exercise ここに描かれている剣は誰のものだと思いますか?
男はなぜ奪おうとしているのでしょうか?

ソードの8

恐怖心の言いなりになるのはやめなさい。二の足を踏み、現状にとらわれている必要などない。忍耐と決意があれば、かならず出口は見つかるだろう。

正位置のキーワード	身動きがとれない、制約
逆位置のキーワード	解放、ためらい
数秘術	8、動き、移り変わり

カードが示すこと

何らかの束縛や窮屈さと対決する準備が整ったようです。その制約はあなたがみずから課したものかもしれません。

このカードには、目隠しをして身体を縛られた（きつくはなさそうですが）女性が描かれています。彼女は波打ち際に立ち、潮が満ちてくるのを待っているのでしょう。周囲の砂地には8本の剣が垂直に突き刺さり、遠くには城が見えます。目隠しは彼女には先が見えないことを、身体の束縛は動きが阻害されていることを表しています。ところが、8本の剣は彼女に向けられてはいません。ただ彼女を取り囲んでいるだけです。これは、危険に対する恐怖心や過去から引きずっている問題に縛られて、主体性を取り戻せずにいる状態を表しています。

カードからのメッセージ

閉塞感や行き詰まりを示すカードです。現在の状況がそう感じさせている場合と、過去の出来事や自分の内側にある不安や恐怖からきている場合があります。あなたの中には、孤立しているという感覚や、周囲に溶け込めず、自分をありのままに表現できないという感覚があるのかもしれません。あなたは前進できない言い訳を探していないでしょうか？　すべてを内側にしまい込み、自分は無力だから変化を起こせないと感じていませんか？　自分の力を取り戻したとき、道は開けてきます。ほんとうの願いを叶えるために、小さな一歩を踏み出してください。自分を信じ、根気強く歩み続けましょう。忍耐と頑張りが必要です。でも、あなたならきっとできるはず！

逆位置の場合は？

どうやらあなたは、自分で自分を縛りつけていた縄をほどき始めたようです。その調子で頑張ってください！　一方、成長をもたらすための行動を先送りにしたり、ためらったりしている可能性も考えられます。でも、今は立ち止まっているときではありません。ぐずぐずしていると振り出しに戻ってしまいます。

愛情／恋愛

ある人との関係から抜け出せなくなっていたり、行き詰まりを感じたりしているのに、別れを考えると、つい怖気づいてしまうようです。あるいは、恋愛を始めることや、初めて出会う人に自分の弱さをさらけ出すことを恐れているのかもしれません。不安は想像の産物です。心を開き、愛を経験してください。

キャリア／お金

好きでもない仕事を続け、どこにも出口がないと感じているようです。あるいは、失敗を恐れて、新たなキャリアの選択肢に挑戦できずにいるのかもしれません。お金をめぐるネガティブな思考パターンが、あなたをいっそう窮屈に。でも、あなたは孤立無援ではありません。自分を解放するためにとるべきステップについて高次に導きを求めてください。

パーソナル／スピリチュアル

あなたは、今の状況がもう自分の生き方にそぐわなくなっていると感じていながら、いつまでも抜け出せずにいるようです。手放すべきだと分かっていても、その方法が見つからないのでしょう。そんな行き詰まりを感じているなら、迷わず助けを求めてください。独りで闘う必要などありません。

Exercise　あなたに有意義な変化を起こすことをためらわせているものは何ですか？

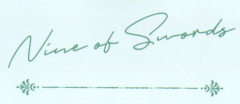

ソードの9

不安は眠れぬ夜をもたらす。悩みやストレスとの付き合い方を変え、
振り回されるのをやめなさい。

正位置の キーワード	不安、心配
逆位置の キーワード	絶望、落胆
数秘術	9、完結間近、孤高

カードが示すこと

　困難と緊張感をはらんだカードです。堰(せき)を切ったようにあふれ出す不安や悩みが、人を不眠に陥らせている様子が伝わってきます。

　絵の中の人物は暗闇に包まれ、一人きりでベッドに起き上がっています。彼女の頭上には9本の剣が不吉に浮かんでいますが、はたして現実の光景なのでしょうか？

　この女性が掛けている毛布には、愛を象徴する赤いバラが描かれています。そう、彼女は思いやりに包まれていながら、そのことに気づいていないのです。目を覆うのをやめさえすれば見えるというのに。

カードからのメッセージ

ソードの9は、不安があなたの目の前の現実を見えなくさせていることを指摘しています。ストレスのない人生などありませんが、ストレスとの付き合い方は自分で決められます。心配のせいで健康や幸福感が損なわれているなら、何らかの変化を起こす必要があるのです。健康法やストレス管理術を実践するなり、誰かに悩みを相談するなりしてみてください。日記をつけると、頭の中の考えを言葉にして紙の上に吐き出すことができます。幸いなことに、今のネガティブで非生産的なエネルギーは一時的なものにすぎません。いずれは消えていくでしょう。

逆位置の場合は？

正位置と似たような意味をもちますが、落胆のトーンがさらに深まります。うつ病やパニック障害を表しているのかもしれません。一方で、落ち込んだ状態が終わることを意味する場合もあります。つまり、そうした感情が薄れてきて、克服できるようになるということです。極度の不安や絶望を感じているなら、自分に優しくなりましょう。そして、サポートを求めることを恐れないでください。

愛情／恋愛

どんな恋愛でも何かしらの衝突が生じます。健全な関係でも例外はありません。ストレスを募らせていても問題は解決しません。パートナーと対話する、信頼できる友人に打ち明けるなどしましょう。不安は悪循環となり、ストレスを増やします。愛情をめぐる心配がさらなる心配を引き寄せるのです。最善を尽くして心を静める方法を探してください。コミュニケーションが鍵です。

キャリア／お金

心配と金銭的なストレスが、睡眠不足や集中力の低下を引き起こしているようです。仕事やキャリアをめぐる根深い不安で、頭がいっぱいになっているのでしょう。また、仕事の負担が重すぎて参っているなら、他人の目など気にせず、助けを求めてください。

パーソナル／スピリチュアル

ストレスと不安が身体の健康を蝕んでいます。孤独を感じたり、思考の堂々巡りに陥ったりしていないでしょうか？日記をつけたり、自然の中を散策したり、誰かと時間を過ごしたりすると、ネガティブな思考を乗り越えやすくなります。

Exercise 不安やネガティブ思考の堂々巡りから抜け出すために、あなたはどんなツールを使いますか？

SWORD

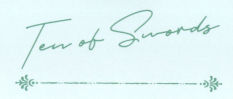

ソードの10

近づく夜明けを歓迎しつつも、過去から学んだ教訓を忘れずにいなさい。
新たな始まりは終わりの中にあるのだから。

正位置の キーワード	終わり、新たな始まり
逆位置の キーワード	なかなか終わらない、 過去にこだわる
数秘術	10、サイクルの完結

カードが示すこと

　明るい新たな夜明けを描いたカードです。夜の闇が美しい日の出の空に変わろうとしています。遠くの山々と手前の水面は朝日に照らされ、さらにその手前には、背中に10本の剣が刺さった男が横たわっています。

　このカードは、死と再生という2つのエネルギーを同時に描き出すことで、苦しみの後にはほぼかならず夜明けが来ることを伝えています。

　横たわっている男はいずれ再起するでしょう。でも剣は完全に消滅してはいません。彼は剣の存在を意識していますが、重荷とは感じていないのです。むしろ、ここまでの旅の経験とそこで得た教訓を尊重しているのです。

カードからのメッセージ

苦しみと闘いのサイクルは終わりました。その事実を受け入れ、これまでに自分が経験してきたことのすべてに意味があったと認めたとき、あなたは生まれ変わるでしょう。事実に身をゆだねれば、心の平安がもたらされ、人生から去っていったものへの感謝の気持ちが湧いてきます。すると、そこから新たなサイクルを始める余裕が生まれるのです。

逆位置の場合は？

あなたは何かが終わることを拒んでいるようです。でも手放していいのです。前に進むことを自分に許してあげてください。過去にしがみついている限り、新たな始まりを迎え入れられません。豊かさの訪れを先送りしないでください。

愛情／恋愛

1つの恋愛、または交際パターンの終わりが、あなたを新たなすばらしい始まりへと導いています。あるいは、今の交際相手との間で1つのサイクルが完結しようとしているのかも。新たなエネルギーを迎え入れるためには、過去と和解することが重要です。最悪な時期は過ぎ去りました。その時期はあなたにとって学びの期間だったのです。次の恋愛サイクルを楽しみにしてください。

キャリア／お金

失業や金銭的に苦しい状況はまもなく終わりを告げ、より豊かな時期が始まろうとしています。今まで経験したことは、すべてそこから学ぶためだったのです。どうすれば失敗を前向きにとらえられるか、挫折から何を学ぶべきか、そして、どうすればキャリアに関してたくましくなれるかを。今のサイクルが終わり、収入増やキャリアアップにつながる道が開けていきそう。

パーソナル／スピリチュアル

つらい時期を終え、過去に対する理解を新たにしたあなたは、前進しています。教訓を学べたことに感謝するからこそ、新しい章を始められるのです。日記やカウンセリングで、ストレスと不安の総合的な解消に努めてください。癒しの旅を続けることが重要です。鍼灸やレイキ（生命力の根源である気を使った代替療法）のような穏やかなヒーリング術が役立つでしょう。

Exercise
1つのサイクルを終わらせるのに最も難しいことは何だと思いますか？

193

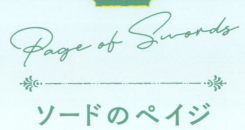

ソードのペイジ

コミュニケーションのメッセンジャーは新鮮な視点をもたらしてくれる。
進んでアイデアを聞き、共有しなさい。

正位置の キーワード	熱心さ、学ぶ意欲
逆位置の キーワード	うわさ話、保身
エレメントの 組み合わせ	地と風（地はペイジの特徴である自然とのつながりや安定感を表す。一方、ソードのスートは、このペイジをコミュニケーションと知恵を象徴する風と結びつける）

カードが示すこと

4枚のコートカードの最初を飾るペイジは、タロットのメッセンジャーと考えられています。ソードのペイジがもつ若々しいエネルギーは、実在の子どもや若者を表している場合があります。あるいは、あなた自身のインナーチャイルドからのメッセージを表しているのかもしれません。生まれもった好奇心を発揮して、新しいものを学びなさいと呼びかけているのです。

ここに描かれた若きソードのペイジは剣を掲げて立ち、いつ始まってもおかしくない戦いに備えて練習しています。準備に余念がないその姿からは、興奮と緊張が伝わってきます。接近する者はいないかと、あたりを見回しているようです。こうした訓練の積み重ねが自信につながるのです。時が満ちれば、彼は意のままに剣を使いこなせるようになるでしょう。

カードからのメッセージ

闘いに飛び込む前には訓練を積まなければならない、という堅実な心得を表すカードです。身の回りの微妙なメッセージに注意を向け、慎重に前進しなさい、と呼びかけているのです。あなたの身近なところに、コミュニケーション、新たな視点、知的活動の機会があるようです。不安を感じているかもしれませんが、「熱意に従いなさい」と何かが訴えかけています。まず、しっかりした計画を立ててください。自信をもって新たな取り組みを始めることができます。

逆位置の場合は？

陰湿なうわさ話や巧みな心理操作を表している可能性があります。その張本人はあなた自身かもしれないし、身近な誰かもしれません。肝に銘じてください。あなたが他者と共有する情報はかならずしも秘密が守られるとは限らないということを。それに、その場にいない人のうわさ話をする人や陰口をたたく人が自分のそばにいたら、あなたはどう感じるでしょう？　そのことに気づいてください。

愛情／恋愛

頭の回転が速く、好奇心旺盛で、おそらく年下か、立ち居ふるまいの若々しいパートナーがまもなく現れるでしょう。その人は、あなたが今まで考えもしなかった新たな視点をもたらしてくれそうです。屈託なく楽しい時間を存分に味わえるでしょう。でも、その一方で、本音を言い合い、互いに相手から学ぶことも忘れないでください。

キャリア／お金

あなたは、クライアント、マネージャー、または、新たな雇用主からの返事を待っているようです。その知らせは、あなたの選択肢を増やしたり、世界を広げたりするうえで貴重な情報となりそう。わくわくするかもしれませんが、飛び込む前にしっかりした計画を。自信をもって自分の意見やアイデアをシェアできるようにしましょう。

パーソナル／スピリチュアル

身体的、感情的、知的、またはスピリチュアル的な充実感をもたらす新たな学びの方向性や対象が見つかり、あなたは興奮と好奇心でいっぱいのようです。そのプロセスで新たな自分を知ることになるでしょう。

Exercise

ソードのペイジは、今のあなたにどんなアイデアを提供してくれそうですか？

SWORD

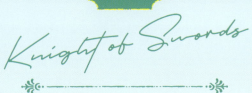

ソードのナイト

真理の追究に駆り立てられて、がむしゃらに突き進め。
後先を考えるな。

正位置の キーワード	真理の探究、自己主張
逆位置の キーワード	強引、攻撃的
エレメントの 組み合わせ	風と風（風は、ナイトの特徴であるコミュニケーションや知恵とのつながりを表す。しかも、ソードのスートが、このナイトがもつ鋭い洞察力と才気煥発な発信力という風の性質を2倍に強めている）

カードが示すこと

　どのスートでもナイトは、馬に乗って崇高な旅から帰還し、依頼を受けて探し当てた品を差し出す姿で描かれています。

　ソードのナイトは純粋な風のエレメントの象徴です。向かい風の中、真理の剣を振りかざしながら突き進む姿で描かれています。その動きは素早く、視線はレーザー光線さながらに目標物に集中しています。スピードと攻撃的なボディランゲージからは、彼の目前に対決とドラマが待ち受けていること、そして、このナイトは誰にも止められないことを示しています。

カードからのメッセージ

　正面から取り組まなければならない状況を表しているようです。対決は避けられないのでしょう。もっと積極的になりなさい、または、全力投球でゴールをめざしなさい、と呼びかけています。その一方で、誰かが自分のドラマにあなたを引きずり込もうとしているとも解釈できます。このカードに象徴される動きの速いエネルギーがあなたにとって誰／何を意味するのかは、直観が教えてくれるでしょう。

逆位置の場合は？

　熱望の攻撃的な側面を指摘しています。たとえば、自分自身や他人を極端に追い込むこともそうです。あるいは、勢いよく始まった何かが失速してしまい、あなたは気力を失っているか、がっかりしているのではないでしょうか？　そうだとすれば、一歩引いて状況を見つめ直しましょう。直観に耳を傾けてください。生産的な行動を取り戻す鍵はあなたの内面にあります。

愛情／恋愛

　かなり強引な恋人候補と出会うか、猛烈にアタックされそうです。それをうれしいと感じるか、軽佻浮薄と感じるかは、あなたの気質次第です。自分の直観に耳を傾けてください。相手に違和感を覚えていないでしょうか？　その一方で、ドラマチックに始まった恋愛が、あっけなく終わりを迎えるという意味もあります。

キャリア／お金

　もっと積極的に目標やプロジェクトに力を注ぎましょう。特定の目標に対してではなくても、全体的に集中力を上げていくと、仕事面に変化が生まれます。あるいは、上司か同僚との間に何らかの軋轢が生じて、自分を弁護しなければならない立場に置かれるのかもしれません。または、生産性の向上や行動方針の変更につながる知らせがまもなく舞い込む可能性も。

パーソナル／スピリチュアル

　劇的な出会いに巻き込まれたあなたは、自分を守ろうと必死になっています。あるいは、自分の性格の積極的な一面を模索しているのかもしれません。そのために、たいへんな集中力と自信を発揮して目標やアイデアを追求しているのでしょう。楽しみにしていてください。待ち望んでいた知らせがきて、しかるべき行動がとれるようになります。

Exercise　ソードのナイトが表す迅速な動きに、あなたは何を感じますか？

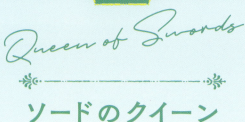

ソードのクイーン

決断を下し、真理を語るとき、保護、公正さ、
バランスという女性的なエネルギーがソードのクイーンの内面で保たれている。

正位置の キーワード	決断力、正直さ
逆位置の キーワード	批判、保身
エレメントの 組み合わせ	水と風（水はクイーンの特徴である愛と感情とのつながりを表す。一方、ソードのスートは、このクイーンをコミュニケーションと知恵を象徴する風と結びつける）

カードが示すこと

タロットにおけるクイーンは、受容力、正直さ、思いやり、愛などの女性的なエネルギーの象徴ですが、ソードのクイーンは水と風の両方のエレメントを帯びています。とはいえ、ここには、遠くの川の流れ以外に水のエレメントはほとんど描かれていません。つまり、感情のほとばしりよりも、明確なコミュニケーション、知性、論理が優先されることを意味します。

頑丈な玉座に座るソードのクイーンは、助言を求める者があれば、誰でも迎え入れます。ただし、目の前に掲げた真理の剣からは、彼女が自分の考えや意見を隠すつもりがないことは明らかです。このクイーンは賢いうえに公明正大なのです。彼女が熟慮の末に導き出した結論は周囲のすべての者たちに信用されています。つねにバランスを保つために、彼女は他者の意見やアイデアを聞くことも忘れません。

カードからのメッセージ

このカードは、ソードのクイーンの性質を体現したような実在の人物を表している可能性があります。その人物はあなた自身かもしれません。あるいは、知性と知恵のエネルギーを特徴とする状況、とくに意思決定にかかわる状況を表している場合もあります。このカードは、複雑な状況に対して感情を交えず、論理的な姿勢で臨みなさいと、あなたに求めているのです。具体的にどの人物やものごとを意味するかは、自分の直観を使って導き出してください。

逆位置の場合は？

あなた自身か他の誰かが、人や状況に対して過度に批判的になっているのかもしれません。過剰な自己批判とも解釈できるので、気をつけてください。このカードはまた、批判に対してむきになることや、理性よりも感情に支配されることを意味する場合もあります。

愛情／恋愛

論理的なアプローチを心がければ、恋愛を取り巻く状況が明確に見えてきます。知的で信頼できる人と付き合うことになりそうで、相手は感情よりも理性を優先する人のよう。あるいは、パートナーを失くした人か、一人親に育てられた人の可能性も。一方で、あなた自身が独り身のままで、自分と向き合うべき時期かもしれません。自律性を保ちにくい恋愛を経験した場合は、なおさらです。独りの状態が永遠に続くわけではありません。今、自分自身について重要なことを学んでいるのです。

キャリア／お金

あなたは、お金をめぐる状況と目標に対して論理的なアプローチをとれているでしょうか？ そのことを確かめるために信頼できる同僚か同業者にアドバイスを求めてください。投資者が現れたり、契約の話が舞い込んできたりしそうですが、細部に気を配り、とりとめのないビジョンではなく事実にもとづいて決断を下すべきです。

パーソナル／スピリチュアル

自分の信念のために立ち上がるべきときです。恥ずかしがっていないで、あなたの知恵をどんどん他者に伝えてください。その際、感情的な表現よりも論理と理性を頼りにすべきです。ただし、辛辣になりすぎないように注意しましょう。

Exercise あなたはソードのクイーンにどんなアドバイスを求めますか？

SWORD

King of Swords

ソードのキング

論理と理性をもとに行動を起こす権威的で男性的なエネルギーが、ソードのキングの内面で保たれている。

正位置のキーワード	知的な熱望、リーダーシップ
逆位置のキーワード	コントロール、決めつけ
エレメントの組み合わせ	火と風（火は、キングの特徴である情熱、行動、リーダーシップを表す。一方、ソードのスートは、このキングをコミュニケーションと知恵を象徴する風と結びつける）

カードが示すこと

キングはそのスートの達人であり、安定感、権威、健全な男性的エネルギーを象徴します。ソードのキングは火と風の性質を帯びているため、高次の意識（魂）と知性をもとに行動を起こすことができます。

堅固な玉座に彫られた蝶は、風の象徴でもあり、火の変容プロセスの象徴でもあります。彼の掲げる剣はわずかに傾き、いざとなればすぐに行動を起こせることを示しています。

カードからのメッセージ

権威、知性、成功のための論理的思考を体現する人物を表しているようです。それはあなた自身かもしれませんし、別の人かもしれません。あるいは、自分のため、または、弱い立場にある人のために、決然とした行動をとるべき状況を表しているとも考えられます。直観があなたに行動を起こすべきタイミングを知らせてくれるでしょう。あなたは知性という強力な武器を備えています。内なる声を信じてください。

逆位置の場合は？

逆位置のソードのキングは行き過ぎた知的優越感、または、価値判断の押し付けを表している可能性があります。あなたは、ついつい自分自身や他人の行動をコントロールしたくなっているのかもしれません。でも、それは、あなたの直観と天のタイミングの流れに逆らうことにほかなりません。他人の言動をいちいちコントロールせずにいられない気持ちがあるなら、今すぐ手放して、エネルギーのバランスを取り直しましょう。

愛情／恋愛

非常に知的で、成功を収めているパートナーが現れるでしょう。情熱的に感情に訴えてくるというより、会話の魅力であなたを惹きつける人のようです。今は、成熟した理性的な恋愛アプローチがよりよい結果をもたらす時期です。

キャリア／お金

あなたは目標に向かって論理的な行動をとっています。そのことが独立開業、または昇進やリーダー役を引き受けることにつながる可能性も。一方、このカードは職場で権威をもつ人物を表していることも。あなた自身が貢献を認められ、尊敬されているという意味かもしれません。また、法的な事柄に関して朗報が舞い込むという解釈もありえます。

パーソナル／スピリチュアル

自信をもって人生の主導権を握りましょう。自分のために行動を起こすこと、自分のアイデアを守るために立ち上がることが必要です。くじけそうなときには、健康や家庭内の状況について専門家にアドバイスを求めてください。

Exercise

あなたはソードのキングの覇気満々のエネルギーをどう生かしますか？

COLUMN 4

よくある質問

Q.3 タロットで未来の出来事を言い当てることはできますか？

A タロットは未来に何が起こるかを断言するものではありません。タロットはある状況をめぐるエネルギーの状態を教えてくれるのです。たとえば、質問者が新しい恋愛について尋ね、出たカードが〈ソードの3〉だった場合、恋愛を取り巻くエネルギーがまだ癒えていない可能性があります。お目当ての相手がまだ恋愛する気になれないか、質問者本人が過去の失恋から立ち直っていないのかもしれません。一方、〈カップの2〉が出た場合は、互いのエネルギーが当の恋愛関係に向けられていることを表しています。

　カードがあなたのエネルギーと結びついたとき、あなたの未来の可能性を見せてくれます。でも、未来ばかりに気をとられないでください。カードを通じて現状を取り巻くエネルギーを知り、自分の望みどおりの未来をつくり出すには、どんなエネルギーが必要かを理解してほしいのです。「過去ー現在ー未来」のリーディングであっても、未来のカードは「可能性」を示しているにすぎません。未来に関するメッセージがどのように実現するかは、あなたの自由意志にかかっています。

Q.4 つらいメッセージや悲痛なメッセージは、質問者にどう伝えればいいですか？

A リーディングを行う前に、「どんなメッセージが出ようと、ネガティブなものもポジティブなものもすべて伝える」ということを質問者に話して同意を得てください。好ましくないメッセージが出たら、さらに1枚か2枚カードを引いてもかまいません。その状況から何か学べることはないか、困難な時期に少しでも明るい材料がないか探してみましょう。

CHAPTER 8

Minor Arcana
Wands

小アルカナ「ワンド」

　ワンド（杖・棍棒）は火のエレメントのスートです。占星術では火の星座の牡羊座、獅子座、射手座に相当し、情熱、創造性、熱望、行動の象徴です。この章では、エースから始まるワンドの各カードの普遍的な意味を探ることにしましょう。ワンドの象徴性を創造性、原動力、行動と関連づけて覚えるのに便利な方法があります。それは、「魔法の杖を一振りする」というフレーズを思い浮かべることです。これは瞬時に何かを出現させることを意味します。火が素早く燃え広がり、触れるものの姿かたちをことごとく変えていくように、魔法使いが念を込めて振るワンドは変容を引き起こすのです。ワンドは強力な創造の道具だということを覚えておいてください。そうすれば、このスートに関するあなたの学びも迅速かつ容易に進むでしょう。

ワンドのエース

創造という贈り物が神から差し出されている。
心を開き、胸躍らせる新たな可能性を受け取りなさい。

正位置の キーワード	ひらめき、創造性
逆位置の キーワード	ためらい、遅延
数秘術	1、幕開け、新たな始まり

カードが示すこと

情熱と創造性に根差した新たな始まりをもたらすカードです。

雲間から現れた神の手が1本のワンドを差し出し、そこには先見の明に満ちたひらめきを象徴するように緑の若葉が生えています。ワンドの下には豊かな風景が広がり、城、穏やかに流れる川、生い茂った木々が見えます。

つまり、ここには新たな冒険の支えとなる、安定感、繁栄、動き、行動の原動力としての感情の流れが描かれているのです。

カードからのメッセージ

あなたを新たな冒険へと導いてくれる一瞬のひらめきを表しています。このひらめきは新規のプロジェクト、旅行、人間関係、事業となって現実化する可能性があります。このわくわくするようなエネルギーは、歩み続けるための原動力と動機を与えてくれる最初の一歩にすぎません。宇宙から送られてくるシグナルを見逃さないでください。シグナルが現れたら、いつでも行動に移せるようにしましょう！

逆位置の場合は？

行動を起こすことへのためらいを表しています。あなたはおそらく、タイミングや失敗を恐れているか、安全地帯から出たくないのでしょう。大胆さと決断力を妨げているものに気づき、堂々と前進できるようになってください。その一方で、あなたのコントロールが及ばない遅延を意味する場合もあります。でも、その遅延は神の計らいなのです。つねに柔軟かつオープンでいてください！

愛情／恋愛

胸躍らせるような恋愛が芽生え、情熱的で濃密な関係に発展しそうです。すでにパートナーがいる人は、情熱の高まりや再燃を感じ、子どもをつくりたいとか、増やしたいという気持ちになるかもしれません。あなた自身、または、あなたの恋愛関係に刺激的なチャンスがめぐってきそうです。

キャリア／お金

ビジネスの拡大や新しい試みへの取り組みに向けて、刺激的でひらめきに満ちたチャンスが到来しそうです。仕事に対するあなたの創造的な意欲は増してきています。その意欲が、新たなかたちの富の扉を開こうとしているのです。行動に移しましょう。あなたの直観が「今だ」と告げているはずです！

パーソナル／スピリチュアル

旅行や冒険のチャンスは迷わずつかんでください！　健康やフィットネスに新たなルーティンをとり入れると、自信が増して、生活に刺激が加わります。ずっと温めてきた目標やクリエイティブな計画を、今こそ行動に移すべきときです。ひらめきという高次からの贈り物を見逃さないようにしましょう。

Exercise　ワンドのエースが差し出しているのは、どんな贈り物ですか？

WAND

Two of Wands

ワンドの2

自分の世界を広げるか広げないかの選択が待ち受けている。
既知のものととどまるのか、それとも、未知の冒険を選ぶのか？

正位置の キーワード	選択、将来の計画
逆位置の キーワード	短気、計画性の欠如
数秘術	2、選択、パートナーシップ

カードが示すこと

　将来について考えるように呼びかけているカードです。1人の男が豪華な城の上に立ち、その下に広がる景色を眺めています。すでに安定的な地位を築いた彼は、今、冒険を渇望しているのです。
　城壁に固定されたワンドが富を築くために重ねてきた努力を表しているのに対して、もう1本のワンドは男の手で高く突き立てられています。さらに反対の手には地球儀が置かれ、まるで世界は彼の手中にあるかのよう。はたして、彼はどこへ行くつもりなのでしょう？
　このカードは、もうすでに豊かに充実しているあなたの生活に新たな刺激を加えるチャンスが到来することを表しています。

カードからのメッセージ

将来の計画づくりに関連するさまざまな可能性を表しています。刺激的な火のエネルギーがあなたを駆り立てるでしょう。でも、焦りすぎないでください。性急な行動には注意が必要です。新たなチャンスを受け入れるか現状にとどまるかという選択に迫られたら、自分の直観に耳を傾けてください。胸が高鳴るほうの選択には、あらゆるリスクをしのぐ価値がありそうです。また、新しいパートナーや協力的な人との出会いが、あなたにとって、この変化の時期を乗り越える助けになるでしょう。その人は新鮮で刺激的な方法であなたの成長を促してくれる人物です。

逆位置の場合は？

短気を表しています。過剰な興奮があなたを性急な行動に走らせているようです。先を急ぎすぎて、期待したほどの成果が得られないとしても、諦めないでください！　スピードを落として、もっとリサーチすればいいのです。明確な行動計画を立てたうえで再度挑戦しましょう。一方、他の誰かが先に動き出すのを待っているという解釈もありえます。たとえ不安があっても、あなたが率先して行動する必要がありそうです。

愛情／恋愛

刺激的で情熱的な恋愛が近づいています。思いきり戯れたり、はしゃいだりできそう。ロマンチックな旅に出かけるかもしれません。とにかく動きの多い時期なのでパートナーと将来の計画を立てたり、転居を考えたりする可能性も。あなたは人生を大きく変える決断を下そうとしているのです。自分の直観の導きに従ってください。

キャリア／お金

キャリアを成長させる新たなチャンスは偶然に訪れるのではありません。胸が躍り、直観的にこれだと感じたなら、行動を起こすべきなのです。まもなくビジネスパートナーか投資家が現れるでしょう。その人は、あなたのアイデアに磨きをかけ、計画を進める手助けをしてくれます。

パーソナル／スピリチュアル

大きな決断を下す前に選択肢をよく検討してください。意思決定のプロセスで、自分の直観からのメッセージに耳を傾けることが重要です。あなたは計画を立て、人生の目標をレベルアップさせようとして、わくわくしています！　スピリチュアルな道をたどって新たな方向性を探ってください。人生はさらに豊かなものになるでしょう。

Exercise あなたを誘っている新たな冒険はどのようなものですか？

WAND

Three of Wands

ワンドの3

冒険があなたを待っている！ 新たな役割、新たなアイデンティティを受け入れれば、十分なサポートが得られるだろう。

正位置の キーワード	拡大、成長
逆位置の キーワード	遅延、失望
数秘術	3、拡大、協同

カードが示すこと

覇気と興奮に満ちたあなたは、このカードに描かれているように冒険を次の段階へ進めようとしています。

絵の中の男性が後ろ姿で描かれているのは、私たちが彼と同じものを目にしていることを意味します。彼は地面に立てた2本のワンドの間にたたずみ、3本目のワンドを支えにしています。見下ろした視線の先には海が広がり、その海を複数の船が渡っていきます。この光景からは、彼の事業が拡大しつつあることや、彼がチームワークを得意とすることが伝わってきます。他者からのサポートによって、彼はエネルギーを浪費することも燃え尽きることもなく、大局的な仕事のために卓越した手腕を振るうことができるのです。

カードからのメッセージ

あなたは他者と協力し、責任を分担することで、自分の強みを生かしているようです。ただし、適切なタイミングがめぐってくるまでには待機が必要かもしれません。でも、待っている間に創造的、生産的にエネルギーを使い、繁栄のチャンスをさらに広げることをしましょう。たとえば旅行などもその1つです。

逆位置の場合は？

計画の遅れ、または、恋愛関係や交友関係の断絶を表します。いらだちや失望を感じるとしても、これは神が定めた絶妙なタイミングであり、あなたの学びの旅の重要な一部なのです。一方、今までよりも好ましい解決策がやってくることを意味する場合もあります。今は柔軟に根気強く構えることが求められているのです。

愛情／恋愛

あなたは、交友関係や大好きな活動を通じて刺激的な人と出会ったようです。今は、パートナーと旅行の計画を立てることや、休暇を使って特別な誰かと会うことに適した時期とも言えそうです。あるいは、現在の交際には興奮、情熱、広がりの要素がもっと必要なのかもしれません。将来の計画を立てる、友だちと集まる、グループ活動に参加するといった方法がよさそうです。

キャリア／お金

仕事の面で、わくわくするような協同（協力して作業したり、何かを制作したりすること）の機会がめぐってくるようです。あなたが経営者だとすれば、利益の増大や事業規模の拡大によって、専門的なチームに仕事を請け負わせたり、新たな社員を雇ったりすることになりそうです。一方、出張や海外での事業展開などを意味する場合もあります。

パーソナル／スピリチュアル

刺激的な人たちとの付き合いがあなたの人としての成長のレベルアップにつながりそうです。コミュニティにサポートを求めるか、新たな交友関係を通じて、スピリチュアルな実践を拡大させてください。あるいは、視野が広がり、ひらめきが湧いてくるような旅行を計画してはどうでしょうか？

Exercise あなたにとって、3本のワンドが提示している成功の3つの要素とは何ですか？

WAND

Four of Wands

ワンドの4

次の目標に向かう前に、これまでに成し遂げたものを
愛する人びとと祝いなさい。

正位置の キーワード	祝福、特別な出来事
逆位置の キーワード	今という瞬間の喜びに立ち返る
数秘術	4、安定感、構造

カードが示すこと

喜びと祝福に満ちたカードです。ユダヤ教の結婚式に使われる伝統的なフッパーという覆いに似た美しい花の天蓋が、地面にしっかりと立てられた4本のワンドに支えられています。

黄色の背景は意識の目覚めと喜びを表し、その手前ではカップルがさかんに花束を振って、自分たちの結びつきを祝福しています。2人は1つになり、安定的で息の長い何かをつくり出すための誓いを立てたところです。カップルの後ろには壮麗な城がそびえ、緑豊かな庭園で楽しげに踊る人びとも見えます。富と繁栄を祝っているのです。

カードからのメッセージ

結婚式、記念祭、卒業式などの集団での祝福を表すカードです。あなたも人生を振り返り、今まで成し遂げてきたものに目を向けたとき、祝うべき勝利や成功があるのではありませんか？　人間関係や身近なコミュニティに捧げてきた情熱も祝福すべきものの1つです。ただし、ひたすら勤勉に打ち込むばかりでなく、リラックスすることも忘れないでください。

逆位置の場合は？

正位置と似たような意味をもちますが、祝福ムードに浸ることへのちょっとした抵抗を表しています。努力の成果を味わうことに抵抗があるとすれば、それはなぜなのでしょう？　現在に目を向け、今この瞬間に味わえる喜びを見つけてください。自分を称えましょう。ささやかなやり方でいいのです。そうすれば人生にもっとポジティブなチャンスが流れ込んできます。

愛情／恋愛

婚約、結婚式、または、ハネムーンを表すカードです。愛に対して率直で、真剣な交際を考えている人との出会いがありそうです。すでにパートナーがいる人は、2人で暮らし始めたり、住宅を購入したり、何かのかたちで根を下ろすことを考えているのではないでしょうか？　あなたは今を楽しみ、現状に愛を見出しているようです。

キャリア／お金

プロジェクトや目標を達成し、成功を祝うことを意味します。職場での頑張りと熱意が正当に評価され、あなたは喜んでいるようです。創造性が高まり、キャリアの進化が大いに期待できる時期です。だからこそ、自分にご褒美をあげる時間も忘れないでください。

パーソナル／スピリチュアル

あなたは根を下ろすというプロセスを味わっているよう。家を買うかリフォームする、何かのグループに加わる、誰かとの関係を次のフェーズに発展させる、などが考えられます。喜びと興奮に満ちた人生の節目を迎えるのですから、思いきり祝ってください。チャンスがあれば、このわくわく感をクリエイティブなことにつなげて。家族や友人とパーティーを開いたり、休みをとって気分転換したりするのも◎。

Exercise　あなたが達成したことの中で一番誇りに思うことは何ですか？　そのことをどう感じていますか？

ワンドの5

対抗と健全な競争の違いは、
エゴを生産的なやり方で使えるかどうかにある。

正位置の キーワード	競争、対抗
逆位置の キーワード	誇張、解決策を見つける
数秘術	5、衝突、競争

カードが示すこと

このカードの競争的でダイナミックなエネルギーを、あなたはどう扱うでしょうか？

ここに描かれているのは、ワンドを振り回して争っている5人の若者です。彼らは遊んでいるのでしょう。怒っているようにも傷ついているようにも見えません。この絵の焦点は、好敵手である者同士の活発な対抗意識と、エゴが彼らをどう動かしているかにあるのです。鮮やかな青色は、戦いの最中にあっても、頭を冷静に保とうとする意志を表しています。一方、背景となる景色が描かれていないのは、この瞬間特有の切迫感と緊張感に視線を集めるためです。

カードからのメッセージ

衝突や論争に巻き込まれたときに出やすいカードです。その状況との向き合い方が問われています。また、同じポジションをねらう正当な当事者同士の競争を表す場合もあります。たとえば、1つの仕事に応募した人たちの競争がそうです。また、確固とした意見をもつ人と接するときには、自分の視点も重要だということを忘れないでください。よい結果を得たければ、相手を多少怒らせてでも言うべきことは言うべきなのです。

逆位置の場合は？

ワンドの5の逆位置は、対立が大げさになること、または、議論やストーリーの細部が劇的に誇張されることを表しています。対立も劇的な誇張もそれ以上大きくしないように、事実に則って行動してください。一方、議論の末に解決策や合意が得られることを意味する場合もあります。

愛情／恋愛

あなたは、交際相手を1人に絞る前に複数の人とデートしたいのかもしれません。一方、すったもんだの愛憎劇に当惑しているとか、恋愛をめぐって他人にあれこれ言われることに嫌気がさしているとも解釈できます。恋愛に何を求めているのかを自分に問い直してください。あなたが望む結果を妨げるものはすべて取り除くべきです。

キャリア／お金

職場での軋轢や口論、または、同僚との対抗意識があなたを疲れさせているようです。あるいは、出世や結果を出すための競争が、仕事の原動力になっているのかもしれません。成功はあなたの手の届くところにあります。戦略的な行動をとりましょう。エゴむき出しの争いに巻き込まれないでください。

パーソナル／スピリチュアル

自分ではどうすることもできない悩ましい遅延や厄介な状況が生じているのは、速度を緩め、細部に気を配れというあなたへの呼びかけです。短気を起こさないでください。一度に複数の創造的なプロジェクトやタスクを引き受けると、どれも中途半端になり、欲求不満に陥るだけです。今は1つのことに集中し、完結させてから次のことに取り組みましょう。

Exercise　あなたは競争とどう向き合っていますか？

WAND

Six of Wands

ワンドの6

頑張りは報われた。あなたを支える人びとに囲まれ、
ともに勝利の瞬間に浸りなさい。

正位置のキーワード	勝利、認知
逆位置のキーワード	成功の遅延
数秘術	6、バランス、調和

カードが示すこと

競争や対立の時期を乗り越え、勝利を手にしたことを表すカードです。

1人の若者が純粋さを象徴する白馬にまたがり、人びとの歓声を浴びる姿が描かれています。若者の名誉を称えるように群衆からは5本のワンドが掲げられ、若者自身が握る6本目のワンドは誰よりも高い位置にあります。そして、その若者の頭と彼のワンドには、勝利を象徴する月桂樹の輪が飾られています。群衆の中の5本のワンドは、ソードの5で競い合っていた5人の若者をほうふつとさせますが、今、彼らは勝者を認め、応援するために集まっているのです。

カードからのメッセージ

勝利のカードと呼ばれ、苦労の後に朗報が舞い込むことを意味します。このカードの重要な特徴の1つは、自分の成果に誇りを感じ、成功を成功と認め、他者からの賞賛を恥ずかしがらず卑屈にもならず、素直に受け取ることを描いている点にあります。あなたの頑張りは認められて当然なのです。堂々とスポットライトを浴びてください。あなたの熱意には他の人びとを奮い立たせる力があります。

逆位置の場合は？

何らかのかたちであなたの成功に遅れが生じるか、ものごとが期待どおりに運ばないことを表している可能性があります。落胆させられますが、それは一時的な挫折にすぎません。遅れもプロセスの一部なのです。計画を投げ出したりせず、これまでどおり努力を続けましょう。あとひと踏ん張りのところまできているのですから、今、諦めないでください。

愛情／恋愛

強い絆や「パワーカップル」を意味します。あなたの熱意、情熱、激しさにふさわしいパートナーが現れるでしょう。刺激的でダイナミックな交際を楽しんでください。あるいは、悲しみや失恋から立ち直り、愛の勝利と成功を味わえそうです。

キャリア／お金

仕事での努力が報われるか、昇進が近づいているようです。キャリアにおける実績が大々的に認められるのでしょう。苦しかった時期が終わり、豊かさと収入増が実現します。まじめに頑張ってきたことが報われるのです。今を楽しんでください！

パーソナル／スピリチュアル

人生のあらゆる領域をレベルアップさせ、成功を味わい、すばらしい仕事ぶりが認められそうです。家庭や私生活の面でよい知らせが舞い込むでしょう。所属するコミュニティや共通の興味関心をもつグループ内で、リーダー役を引き受ける心の準備ができたようです。

Exercise 今のあなたが祝いたい成功とは何ですか？

ワンドの7

目標を追求するとき、信念を表明することは自己主張の一環として欠かせない。
人生が何を投げつけてこようと、あなたは対処できる。

正位置の キーワード	防衛、自己主張
逆位置の キーワード	過剰な警戒心、敗北感
数秘術	7、戦略、計画

カードが示すこと

いつでも自分の立場を守れるような構えが必要であることを示すカードです。

絵の中の若者は1本のワンドを武器にして、向かってくる6本のワンドから身を守ろうとしています。おそらく不意を突かれたのでしょう。左右の靴がそろっていません！ この絵は、1つの成功を達成するまでの旅と、達成してからの旅はまったくの別物だということを示しています。めざしていた場所に立ったとき、その人は他人からの羨望の的になるのです。この絵で若者を攻撃する者たちの正体が不明のままなのは、人生の試練が思わぬところから現れ、対処を迫ってくることを象徴しています。こうした障害や敵対者にどう立ち向かうかによって、あなたが新たなレベルの成功を手に入れられるかどうかは決まります。

カードからのメッセージ

思いがけない試練と障害に行く手を阻まれそうです。これまでの努力や評判をむきになって守ろうとするより、自己主張と戦略が求められています。勇気をもって逆境に立ち向かい、自分の直観に耳を傾けてください。それが、重圧をはねのけ、より大きな成功を得るための最善策です。

逆位置の場合は？

怒りにまかせて理性を失っている可能性があります。あなたは信念を脅かされて、むきになり、疑心暗鬼に陥っているのではないでしょうか？　その一方で、自分の立場を守ろうとするのは無意味だと言わんばかりの敗北感を味わっているとも解釈できます。あなたには非難されたとき、言い返すよりも、怒りと欲求不満をため込む傾向はないでしょうか？　そうだとすれば、その気持ちを日記に書いてください。そして、落ち着いて状況を見きわめた後、相手と対話しましょう。あなたの感情には意味があり、表現すべきものなのです。

愛情／恋愛

仲直りはいわば繊細なダンスですが、ためらわずに自分のニーズを伝え、パートナーのニーズにも耳を傾けてください。2人が直面している試練は克服できないものではありません。恋愛の困難な局面に立ち向かうことを恐れないでください。自己主張が求められています。あなたが守りたい境界線と意図を明確にしましょう。

キャリア／お金

昇給または契約の交渉が合意に達しそうです。ただし、自分の主張を積極的に伝えることが重要です。キャリアをめぐる争いや試練に直面するかもしれませんが、それらは一時的なものです。争いを乗り越えて、目標を達成することができるでしょう。

パーソナル／スピリチュアル

一時的な試練に直面して、プライベートな面で今よりも積極性と勇気を要求されることになりそうです。他者の意見を代弁したり、友人や家族を擁護したりする立場に置かれるのかもしれません。客観的なスタンスを保ち、あくまでも事実をもとに解決策を導き出すべきです。問題そのものにとらわれすぎると泥沼にはまります。

Exercise　ワンドの7の若者は何を守っていると思いますか？

WAND

Eight of Wands

ワンドの8

舞い込んでくる知らせが一連の出来事の口火を切り、あなたの進路は変更される。あなたはおのずといるべき場所に、いるべき人びとと向かうことになるだろう。流れに身を任せなさい。

正位置のキーワード	動き、迅速な行動
逆位置のキーワード	減速する、我慢する
数秘術	8、動き、移り変わり

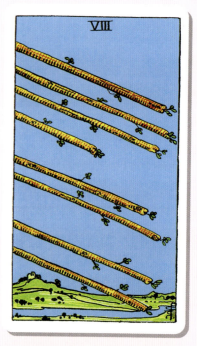

カードが示すこと

あわただしさとスピード感に満ちたカードです。小アルカナのうち、各スートのエースとソードの3と同じく、このカードには人物が登場しません。つまり、ワンドのみを描くことで、ものごとの進展を強調しているのです。

のどかな田園風景をバックに、新芽をつけた8本のワンドが空を飛んでいます。これらのワンドはメッセージを携えていて、手紙、電話、メール、SNS、あるいは、見知らぬ人から聞こえてくるうわさ話のかたちで届けられようとしています。どのような形態でやってくるにせよ、心躍るようなメッセージです。人生の節目となる出来事が一気に展開し、日々のルーティンを一時中断することになるでしょう。しかも、たいていの場合、圧倒的にポジティブな意味で！

カードからのメッセージ

自然なのびやかさ（順調さ）を感じさせるカードです。あなたは今にも始まりそうな出来事にわくわくしているのではないでしょうか？　それは旅行かもしれないし、新たな人間関係かもしれません。ことは迅速に展開し、あなたがとくに頑張らなくても、何もかもが順調に運びます。リラックスして、わくわくムードの波に乗りましょう。

逆位置の場合は？

逆位置のワンドの8は、遅延や障害を表します。あなたの期待に水を差すような問題が起きそうです。でも、その遅れは偶然などではありません！　あなたに重要な気づきを与えようという天の計らいであり、先へ進むためには知っておくべきことがあるという意味です。おそらく、ものごとが思うように進まないのは、結果にこだわらずプロセスを楽しみなさい、という意味なのです。

愛情／恋愛

一見、脈絡のなさそうな一連の出来事を通じて、新しい恋人と出会いそうです。わくわくするようなイベントに誘われたり、同時に複数の人からデートを申し込まれたりするかもしれません。近々、旅行を予定しているなら、旅先で出会いがあるでしょう。

キャリア／お金

1つかそれ以上のオファーやアイデアが舞い込んできます。楽しみにしていてください。ただし、選択には時間をかけましょう。あなたのキャリアをめぐってあらゆることが迅速に展開し、わくわくするような新たなチャンスが近づいています。複数の収入源が手に入ろうとしています。さまざまな豊かさを存分に味わってください！

パーソナル／スピリチュアル

社交スケジュールがびっしり詰まっていて、あなたは新しい出会いや遊びに忙しいようです。あなたの人生は個人的な目標に向かって順調に進んでいますから、流れに身を任せていれば大丈夫。何をするにも必要なエネルギーが湧いてくるはずです。近々、わくわくするような場所へ出かけるかもしれません。ふらっと旅に出ることもありそうです。

Exercise

8本のワンドを放ったのは誰だと思いますか？
それを受け取るのは誰でしょうか？

WAND

Nine of Wands

ワンドの9

挫折や苦闘はあっても、あなたは長い道のりを歩んできた。
終わりは見えている。今、諦めてはならない。

正位置のキーワード	粘り強さ、自立心
逆位置のキーワード	諦める、遅延
数秘術	9、完結間近、孤高

カードが示すこと

旅を続けようという決意を新たにする一方で、少々、疲れを感じている、そんなときに現れるカードです。

ここには、地面から高くそびえる8本のワンドと、そのそばで9本目のワンドを支えにして立つ、疲れ切った男が描かれています。頭に包帯を巻いているところを見ると、かなりの試練を潜り抜けてきたのでしょう。一休みして、ここに至るまでの出来事を振り返りつつも、彼は、まだ冒険の最終段階が残っていることを理解しています。完全にくつろげるのはその先なのです。

カードからのメッセージ

これまでにあなたがかかわってきたすべての出来事の、奮闘、勝利を表すカードです。あなたは疲れ切っていて、諦めかけているかもしれません。でも、ゴールは目前です！ 最後の力を振り絞って、自分のタスクを完了してください。あなたは信じられないくらい打たれ強い人です。どんな課題に直面しても、きっとやり遂げるでしょう。

逆位置の場合は？

ゴール目前で何かを諦めかけていることを表すカードです。これは、どんなに見通しが暗くても、今、投げ出してはいけないという高次からのメッセージなのです。その一方で、頑固なふるまいや自分で自分の足を引っ張るような行動が、1つのサイクルの完結を妨げているという解釈もあります。たとえ他人のせいで問題が起きているように見えても、あなたをコントロールできるのはあなたしかいません。自分の反応をじっくり観察し、自分の行動に責任をもちましょう。

愛情／恋愛

何らかの困難が原因で、あなたはロマンチックな満足感を味わえずにいるようです。交際相手がいるのに孤独を感じている、仕事が忙しくてデートの時間をつくれない、過去の恋愛の傷が癒えていない、などの可能性が考えられます。いずれにしても、最悪の時期は過ぎました。すでに試練は終わったようなものです。

キャリア／お金

引き続き粘り強く目標を追求しましょう。対立のサイクルは終わりに近づいているのですから、ここで諦めないでください。プロジェクトの完結や長期的な取り組みの仕上げに向けて、最後のステップを踏む時期です。力を振り絞って、すばらしいフィニッシュを飾りましょう。あなたの頑張りはかならず報われます。

パーソナル／スピリチュアル

プライベートな面での試練や障害を通じて、あなたは、自分の中にある強い自立心と回復力に気づいたはずです。いつも行っているスピリチュアルな実践やウェルネスのための修練は、一連のつらい経験を振り返り、どんな課題にも贈り物が隠されていることを知る助けになるでしょう。あなたの奮闘や対立は終わりを迎えようとしています。だから、今のプロセスを信じてください。

Exercise　ワンドの9の人物はどんな経験をしてきたと語っているでしょうか？

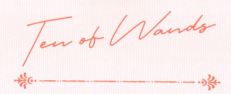

ワンドの 10

責任を引き受けすぎないようにしなさい。自分のエネルギーを守るために「ノー」と言うのは、完全に理にかなったことなのだ。

正位置のキーワード	圧倒、重荷
逆位置のキーワード	重圧、疲労困憊
数秘術	10、サイクルの完結

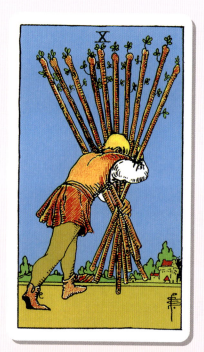

カードが示すこと

長い間、力を振り絞って努力してきた結果、ついに限界を超えてしまったことを表すカードです。

ここに描かれた10本のワンドの束を運ぶ男の姿は、人生の複数の領域にいっぺんに取り組もうとすることの難しさを象徴しています。男性は遠くに見える美しい家に向かっているのでしょうが、頭はうなだれています。ワンドが重くて視界を遮っているのです。重い足取りで、前方も見ずに進む姿からは、彼が体力の限界まで自分を追い込んでいる様子が伝わってきます。青色の背景は明瞭な意識の象徴であり、男の自覚を表しています。彼は知っているのです。どんなにつらく困難に見えるタスクであっても、やり遂げなければならないことを。心の平安はその先にあるのですから。

カードからのメッセージ

ワンドの10は、私たちが担っている責任の重さを表し、多すぎるタスクは背負いきれなくなると警告するカードです。一度にたくさんのタスクを引き受けすぎれば、身体にも、神経にも、感情にも負担がかかって、結局、自分自身や大切な人たちのためになりません。自分の中にある動機を振り返ってください。そもそもあなたはなぜそんなに頑張っているのでしょうか？ 助けを求めるなり、責任を人に任せるなりして、自分を解放してください。そうすれば、あなたを最も生き生きとさせてくれるものごとに、より質の高いエネルギーを注げるようになります。

逆位置の場合は？

成功のために自分に途方もないプレッシャーをかけているか、完璧主義的な傾向に陥っているよう。そのせいで疲れ果てて、燃え尽きそうになっているのでしょう。自分の生産性を否定したり、他人と比べたりせずに、できる範囲のことを引き受けるようにして。

愛情／恋愛

責任を引き受けすぎて、ちょっとした息抜きすらできなくなっているとすれば、新しい出会いにかける時間などないはずです。あるいは、恋愛関係に支障が出ているのでは？であれば、このカードの意味はロマンチックなことにもっと時間を使ってということ。2人の間であなただけが一方的に責任を引き受けて、疲れ果てているのかも。相手があなたに多大なプレッシャーをかけ、感情的、金銭的に頼りすぎているのかもしれません。

キャリア／お金

あなたは仕事上のタスクを引き受けすぎていて、燃え尽きそうになっています。その仕事が手に負えないのは、あなたの能力が低いせいではありません。誰かに助けを求めてください。四六時中働き続けるのではなく、ちゃんとけじめをつけるべきです。あなたが限界まで自分を追い込みながら頑張ってきた大きなプロジェクトや任務は、終わりに近づいています。まもなくのんびりできるでしょう。

パーソナル／スピリチュアル

どんなときも誰に対してでも「イエス」と言ってきたために、燃え尽きて押しつぶされそうになっています。今はまだ、境界線を引いてはっきり「ノー」と言うことに抵抗があるかも。でも、何もかも一人で背負おうとするよりも、「ノー」と言うほうがはるかに持続可能性は高まります。個人的な目標を叶えるために、信じられないほど重い責任や多くの創造的なプロジェクトを引き受けていないでしょうか？

Exercise あなたはどんなことに責任を背負いすぎてきましたか？

ワンドのペイジ

Page of Wands

火のメッセンジャーが心躍らせる知らせをもたらす。
冒険のチャンスを生かしなさい。

正位置の キーワード	衝動、冒険的な雰囲気
逆位置の キーワード	信頼性の欠如、性急さ
エレメントの 組み合わせ	地と火（地はペイジの特徴である自然とのつながりや安定感を表す。一方、ワンドのスートは、このペイジを情熱や行動を象徴する火と結びつける）

カードが示すこと

若々しいエネルギーに満ちたカードです。子どもや年下の人物を表す場合もあれば、あなた自身のインナーチャイルドからのメッセージを表す場合もあります。もっと遊び心と冒険心をもちなさい、と呼びかけているのです。

この絵の若いペイジは立ち止まって、ワンドを見つめています。数えきれないほどあるワンドの使いみちを想像しているのでしょう。ペイジにしては珍しくじっと考え込む姿は、地のエレメントとのつながりを示しています。堅実さと好奇心を併せもつ彼は遊んでいても傷つきません。そのことは身にまとったチュニックからも明らかです。その布地には火の中でもやけどしない伝説の生き物、火トカゲ（サラマンダー）が描かれているのです。

カードからのメッセージ

ワンドのペイジは、地に足を着けながら、それでいて遊び心をもち、好奇心というレンズで世界を観ていることを意味します。どうやら、手紙、メール、電話、または直接的な会話を通じて、よい知らせが届くようです。創造的な体験や新たなチャンスを受け入れてください。そして、新鮮でダイナミックな方法で自分を表現しましょう。

逆位置の場合は？

きちんとした計画も立てずに、いきなり性急で衝動的な行動に走り、結局、相手を失望させ、自分にも失望して、あなたは信頼できない人間だという評価を招く、という意味です。つまり、誰もがつい、やりがちなことを指摘しているのです！　やり遂げるだけの自信があると分かっていることだけを引き受けてください。その一方で、あなたの身近なところにいる子ども、または、子どもっぽい行動をとる人や、目の前のタスクにとりかかろうともせず、責任が重すぎると不平ばかり言っている人を指す場合もあります。

愛情／恋愛

あなたは、おもしろくて、外向的で、おしゃべりで、冒険好きなロマンチックな人に惹かれているようです。ただし、その人は大言壮語するだけで、実行力に乏しいタイプかもしれません。行動は言葉よりも雄弁に人柄を語るものです。交際相手と遊び心を発揮できるような活動の時間をつくれれば、互いの距離が縮まるでしょう。

キャリア／お金

わくわくするような仕事のオファーやチャンスがめぐってきて、自分のやっていることに再び情熱を燃やすことになりそうです。このところ忙しすぎたあなたは、タスクに優先順位をつける必要を感じているのでしょう。そうだとすれば、仕事をきちんとこなすために時間管理術を実践すべきです。約束をしっかり果たせるようにしましょう。

パーソナル／スピリチュアル

胸躍らせるような新たな始まりが近づいています。ただし、それには着実なアプローチが求められます。前のめりになりすぎるのは禁物。一呼吸おいてから対応しましょう。そして、約束したことをやり遂げるための時間とエネルギーを確保してください。自分のインナーチャイルドとふれあうために、子どもの頃に大好きだった活動をもう一度楽しんでみては？　実在の子どもと遊ぶことにも大きな癒し効果があります。

Exercise　ワンドのペイジは何にとりかかろうとしていると思いますか？

225

WAND

Knight of Wands

ワンドのナイト

行動への追求心がこのナイトを駆り立てている。
急襲して主導権を握り、すみやかに結果を出さねばならない。

正位置のキーワード	素早い行動、情熱
逆位置のキーワード	自己不信、ためらい
エレメントの組み合わせ	風と火（風はナイトの特徴であるコミュニケーションを表す。一方、ワンドのスートは、このナイトを情熱と行動を象徴する火と結びつける）

カードが示すこと

どのスートでも、ナイトは馬に乗って崇高な旅から帰還し、依頼された品を差し出す姿で描かれています。風と火のエレメントを併せもつワンドのナイトは、赤い炎を燃え上がらせながら、傷つくことを恐れずに大胆な行動へと自分を駆り立てています。彼は鎧だけでなく、耐火性の皮膚をもつ火トカゲが描かれたチュニックに守られているからです。荒涼たる大地を馬で疾走する彼の手には、新たなアイデアと成長を象徴する若葉の生えたワンドが握られています。情熱的で勇敢なナイトは、言葉を行動に移し、仕事をやり遂げようとします。ときには野心と性急さが少しばかり行き過ぎることもあるでしょうが、彼の成功は確実なのです。

カードからのメッセージ

アイデアやプロジェクトを行動に移すときが来たことを意味します。ゴーサインが出ています！ 最初の一歩を踏み出せば、あとはとんとん拍子であなたの選んだ方向にものごとが進みます。自分に自信をもってください。応援に駆け付けてくれた人がいるなら、その人を信頼しましょう。もし、壁に突き当たっていると感じていたとすれば、このカードに象徴されるエネルギーが情熱に再び火をつけ、ゴールに向かってあなたを駆り立ててくれるでしょう。直観的な衝動が湧いてきたら、ためらわずに行動に移してください。

逆位置の場合は？

逆位置のワンドのナイトは自己不信全般を表しますが、特定の目標か状況が望んだとおりに進展しないことにも関連しているようです。遅れと誤解は人生にはつきものであって、諦めろというサインではありません。別のもっといいやり方があるかもしれないのですから、根気強く臨みましょう。遅れた分の時間は、直観とつながる絶好の機会だと思ってください。

愛情／恋愛

魅力的で情熱的な人が猛烈にアタックしてきそうです。急激に交際がスタートしますが、先を急ぎすぎず、一瞬一瞬を楽しんでください。焦りは関係を長続きさせないからです。旅先で新たな出会いがあるか、あるいは、今のパートナーとの旅行が2人の情熱をよみがえらせるようです。

キャリア／お金

ビジネスが急速に回復しつつあります。直観に従うことが利益増につながるか、成功に必要な次のステップへと導いてくれる可能性があります。あなたは停滞期を抜け出して前進できるようになったのです。直観を信じて行動してください。おそらくクリエイティブな新しいプロジェクトが、あなたの意欲を燃え立たせ、モチベーションを高めてくれるでしょう。

パーソナル／スピリチュアル

あなたは、自分の立てた目標に向かって忙しく動き回っているようです。もしかしたら、引っ越しする可能性もあるのではないでしょうか？ もし遅れや停滞を感じていたとすれば、よい知らせとサポートがやってきて、前進を助けてくれるでしょう。人生全般に対する意欲がようやく戻りつつあり、情熱的なエネルギーがよみがえってきます。

Exercise あなたはワンドのナイトに何を届けてほしいですか？

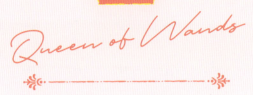

ワンドのクイーン

直観的創造性と感情的知性という女性的なエネルギーが、
情熱とハートにもとづく行動力とともに、ワンドのクイーンの内面で支えられている。

正位置の キーワード	創造性、熱望
逆位置の キーワード	自分には価値がないと感じる、 創造性の阻害
エレメントの 組み合わせ	水と火（水は、クイーンの特徴である愛と感情とのつながりを表す。一方、ワンドのスートは、このクイーンを情熱と行動を象徴する火と結びつける）

カードが示すこと

タロットでは、クイーンは受容力、正直さ、思いやりなどの女性的なエネルギーの象徴です。そうした直観的な水のエレメントに火のエレメントが加わることで、ワンドのクイーンは受動性だけでなく能動性をも帯びています。

正面を向いて座る姿勢には消極性ではなく、自信が現れています。その一方で、直観を意味する左側に向けられた視線は、水と女性的なエネルギーとのつながりを示しているのです。水と火というパワフルな組み合わせは、神のメッセージを現実化する魔術師によく似ていますが、ワンドの

クイーンは歴史的に「タロットの魔女」と呼ばれてきました。この歴史的なあだ名にふさわしく、彼女のそばには魔女の使い魔として知られる黒猫が座っています。

カードからのメッセージ

ワンドのクイーンは、あなたのパワーをフルに使い、覇気満々にリーダーシップをとりなさいというメッセージです。もてる力を存分に発揮する際には、つねに自分が導かれ、守られていることを意識してください。自信と自尊心が高まり、あなたのエネルギーにふさわしい現実が手に入るでしょう。

逆位置の場合は？

あなたは自分の価値を疑っているか、他人に自分の価値を認めてもらえないと感じているようです。まず自分を信じることから始めてください。すると、みずから行動を起こそうという自信が生まれてきます。他の人もそんなあなたの変化に気づき、敬意と賞賛の気持ちを寄せるようになるでしょう。

愛情／恋愛

あなたは強くて自信と思いやりのある人物に惹かれています。相手は地位を確立し、成功している人なのでしょう。そのため、あなたはわくわくすると同時に、気後れを感じるかもしれません。でも、あなたはその人と互角のエネルギーをもっています。このご縁を楽しんでください。自信をもって交際していれば、思っていたより強い自分に気づくでしょう。

キャリア／お金

職場で認められ、自信がみなぎっています。あなたが起業家か経営者だとすれば、事業の発展拡大のために自分の直観に耳を傾けてください。創造性と熱意はあなた自身の成功の鍵を握っているだけでなく、他者を勇気づけるという意味でも重要なのです。チャンスがあれば、リーダーの役割か講演の仕事を引き受けてみてはどうでしょうか？

パーソナル／スピリチュアル

スピリチュアルな実践によって直観力に磨きをかけ、夢の実現に向けて集中すべき時期です。まず、自然とふれあい、エネルギーとスピリットを回復させて、それから本来の責務に戻るといいでしょう。自尊心や自己価値の邪魔をしている心の傷を癒すことが先決です。自信を取り戻せば、人として大きく成長し、人間関係も改善されるでしょう。

Exercise　あなたは、ワンドのクイーンの情熱的なエネルギーを使って、何を創造したいですか？

WAND

King of Wands

ワンドのキング

自信、忠誠心、リーダーシップという健全な男性的エネルギーが、安定感と高潔さにもとづく行動力とともに、ワンドのキングの内面で保たれている。

正位置の キーワード	権力、権威
逆位置の キーワード	権力の乱用、いじめ
エレメントの 組み合わせ	火と火（火はキングの特徴である情熱、行動、リーダーシップとのつながりを象徴する。しかも、ワンドのスートが、このキングの行動における情熱的なリーダーシップを2倍に強めている）

カードが示すこと

　キングはそのスートの達人であり、安定感、権威、健全な男性的エネルギーの象徴です。その中でも、火のエレメントを二重に帯びるワンドのキングは、純粋な野心と行動力を象徴しています。

　彼は、強さと保護を象徴するライオンと火トカゲの模様が入った玉座に腰を下ろしています。遠方に伸ばした視線からは、いつでも行動を起こす用意ができていることが伝わってきます。かたわらに控える生きた火トカゲも、必要であればキングに加勢するでしょう。

　ワンドのキングはさまざまな活動を経験してきましたが、その一方で、タスクを他者と分担し、自分のエネルギーを温存する術も心得ているのです。

カードからのメッセージ

ワンドのキングは、リーダーシップ、権威、安定感、苦境に直面したときの冷静さを備えた人物を表しています。あるいは、あなた自身が人生の何らかの領域で権威者としての役割を果たすように、求められているのかもしれません。大人の自覚と自信に裏打ちされた直観を頼りにすれば、熱意をもって断固たる行動がとれるはずです。そのことを体現している人物がそばにいたら、あなたはどう反応するでしょうか?

逆位置の場合は?

男性的なエネルギーの不健全な現れ方が指摘されています。たとえば、何らかの状況で権力を乱用すること、恨みを抱くこと、横暴にふるまうことなどが考えられます。一方、健全な男性的エネルギーとは、権力の座に伴う責任を理解し、高潔な行動を他者に促すものです。ここで指摘されるような自己中心的なエネルギー、または、威圧的なエネルギーは、いったいどこから生じているのでしょうか? 自分の直観に波長を合わせれば、原因が見えてきます。

愛情／恋愛

あなたは、安定感、権威、成功を体現したようなカリスマ性をもつ人に惹かれています。その人とあなたは、忠誠心、行動力、安定感を特徴とする成熟した関係を築く運命にあるのかもしれません。2人の間には強い情熱と欲望があります。ただし、エゴのぶつかり合いには気をつけてください。どちらも主導権を握ろうとするので、妥協が必要です。

キャリア／お金

このカードは起業家としてのあなたを指しているか、イニシアチブ(主導権)をとり、目標に向かって最初の一歩を踏み出すあなたを表しています。職場でチームリーダーになり、サポートを得るのかもしれません。自分らしくつねに高潔でいてください。多くの人があなたの強さとスキルを頼りにしています。キャリアの飛躍的な進歩、または、ビジネスのレベルアップ／拡大を示唆しています。

パーソナル／スピリチュアル

あなたは直観をもとに行動を起こし、堂々と自分を表現する時期に入りました。たとえば、一人旅に出ることもその1つです。あなたは、冷静さを失わず他者に対応するための技を極めようとしています。つまり、自分の才能とスキルに自信をもち始めているということです。

Exercise あなたの人生で、今、行動を起こし、注目すべきこととは何ですか?

COLUMN 5

よくある質問

Q.5 メッセージが意味不明だったら、どうすればいいですか？

A 深呼吸しましょう。これは誰もが経験することです！　あなた（あるいは質問者）のエネルギーが散漫な状態にあって、グラウンディングが不足していると、カードはそれを映し出すのです。深呼吸してから、状況を明確にするためのカードを1枚か2枚追加しましょう。追加のカードは読みとれなかったカードの意味を明らかにしてくれます。たとえば、追加で〈カップのクイーン〉が出たら、外見や性格や言動が〈カップのクイーン〉に似た人物、あるいは、感情的な経験や出来事などを連想するでしょう。すると最初のカードが何を伝えようとしていたのかが見えてきます。自分のためのリーディングであれば、いったんカードを読むのをやめて、日記に記録するという選択も有効です。書くことで頭の中が整理されて、より深い意味へと導かれるかもしれません。

　誰かのためのリーディングで同じ状況に陥ったら、ためらわずに質問者に助けを求めましょう。心を開き、正直でいることが重要です。出たメッセージが矛盾しているように見えることを伝え、相手に現在の状況を話してもらいましょう。質問者の大半はタロットリーディングをスピリチュアルなカウンセリングだと思っていますから、自分の胸の内を熱心に明かしてくれるものです。本人の口から語られた言葉をカード解釈の背景情報として使ってください。それでも意味をなさない場合は、カードを束ねてシャッフルし直しましょう！　グラウンディングを行ってあなたと質問者のエネルギーを落ち着かせてから、最初からやり直してもかまいません。リーディング経験が浅いうちは、自分に厳しくなりすぎないようにしましょう。誰もが通る道だと思ってください。

Quick Reference Guide

キーワード早見表

　大アルカナ、小アルカナ、すべてのカードの意味を一覧できる表です。早見表として活用したり、簡潔なキーワードをもとに解釈を広げる練習にも使えます！

大アルカナ			
カード名	ページ	正位置の意味	逆位置の意味
愚者	68	新たな始まり 自由	未熟さ 変化への恐れ
魔術師	70	現実化 創造者 ひらめきによる行動	自己の力との断絶 力を操作しようとする
女教皇	72	直観 自己認識	直観との断絶 内面を見つめようとしない
女帝	74	愛を受け取る 創造性	断絶 創造性の阻害
皇帝	76	ひらめきによる行動 個人の力	行動力の欠如 防衛的／受動的
司祭	78	教師 伝統	頑なな信念 学ぼうとしない
恋人たち	80	人間関係 調和	不調和 アンバランス
戦車	82	ひらめきによる行動 勢い	前進できない 停滞
力	84	障害を克服する 持久力	不安 自信のなさ
隠者	86	知恵 孤高	孤独 孤立

233

大アルカナ

カード名	ページ	正位置の意味	逆位置の意味
運命の輪	88	サイクル 変化	遅延 後退
正義	90	真理 バランス	アンバランス 不当な扱い
吊るされた男	92	待機 見方を変える	短気 不活発
死神	94	変容 解放	過去にしがみつく 変わろうとしない
節制	96	節度 調和 天が定めたタイミング	アンバランス 強引に結果を求める
悪魔	98	妨害 耽溺	解放 自由
塔	100	大混乱 突然の変化	しがみつく 手放すことを恐れる
星	102	希望 癒し	信念の喪失 神聖な源泉との断絶
月	104	夢 幻想	困難な状況を無視する 真実を認めようとしない
太陽	106	明瞭さ 楽観主義	悲観主義的傾向 混乱
審判	108	目覚め 受容	自己不信 憤り
世界	110	見事な完結 成果を得る	不完全な行動 祝福の延期

小アルカナ「カップ」

カード名	ページ	正位置の意味	逆位置の意味
カップの エース	114	新たな愛 親密な人間関係	枯渇 失望
カップの2	116	パートナーシップ 和合	不調和 決裂
カップの3	118	祝福 一体感	感情的に疲れ切った 放埒さ
カップの4	120	無感情 停滞	変わろうとしない 不機嫌から抜け出せない
カップの5	122	悲嘆 悲しみ	希望の光 前進する
カップの6	124	調和 記憶	郷愁 過去に生きる
カップの7	126	可能性 空想	幻想 混乱
カップの8	128	立ち去る 前進する	しがみつく 変化を嫌う
カップの9	130	満足 豊富	放埒 傲慢
カップの10	132	幸福 充実感	不調和
カップの ペイジ	134	愛のメッセージ 遊び心 感情的知性	未熟さ 過敏さ
カップの ナイト	136	感情的な贈り物 スピード	完璧主義 失望
カップの クイーン	138	育む 女性的なエネルギー	疑念 感情的な距離
カップの キング	140	感情的な安定 共感	信頼性の欠如 境界線の欠如

235

小アルカナ「ペンタクル」

カード名	ページ	正位置の意味	逆位置の意味
ペンタクルの エース	144	新たな始まり 豊かさ	豊かさの遅延
ペンタクルの 2	146	バランス 安定感	緊張 無責任
ペンタクルの 3	148	成功 新たな扉が開かれる	燃え尽き 自信の欠如
ペンタクルの 4	150	安定感を構築する リソースを温存する	物質主義 支配的なふるまい
ペンタクルの 5	152	欠落ばかりに目が向く 身体的または財政的に枯渇を感じる	試練から抜け出す
ペンタクルの 6	154	気前のよさ リソースを分け与える	下心のある気前のよさ 不平等
ペンタクルの 7	156	成長 忍耐	焦り 先送り
ペンタクルの 8	158	勤勉 生産性	燃え尽き症候群 頑張りすぎ 過小評価
ペンタクルの 9	160	成功 楽しみ	物質主義 感謝の欠如
ペンタクルの 10	162	富 家族 継承	喪失 伝統との決別
ペンタクルの ペイジ	164	現実化 堅実な始まり	先送り しっかりした計画の欠如
ペンタクルの ナイト	166	長期的な豊かさ 着実な進歩	ためらい 自己満足
ペンタクルの クイーン	168	寛容 頼りになる	物質主義 頼りにならない
ペンタクルの キング	170	富 気前のよさ	貪欲 自己中心性

小アルカナ「ソード」

カード名	ページ	正位置の意味	逆位置の意味
ソードのエース	174	明晰さ 新しいアイデア	混乱 優柔不断
ソードの2	176	優柔不断 自己防衛	操作 直観が遮られている
ソードの3	178	悲しみ 痛み	回復 痛みを解放する
ソードの4	180	休息 内省	落ち着きがない 内省を避ける
ソードの5	182	衝突 口論	解放 わだかまりを手放す
ソードの6	184	前進する 癒しの旅に出る	前進できない その場にとどまる
ソードの7	186	欺瞞 戦略	無秩序 猜疑心
ソードの8	188	身動きがとれない 制約	解放 ためらい
ソードの9	190	不安 心配	絶望 落胆
ソードの10	192	終わり 新たな始まり	なかなか終わらない 過去にこだわる
ソードのペイジ	194	熱心さ 学ぶ意欲	うわさ話 保身
ソードのナイト	196	真理の探究 自己主張	強引 攻撃的
ソードのクイーン	198	決断力 正直さ	批判 保身
ソードのキング	200	知的な熱望 リーダーシップ	コントロール 決めつけ

小アルカナ「ワンド」

カード名	ページ	正位置の意味	逆位置の意味
ワンドのエース	204	ひらめき 創造性	ためらい 遅延
ワンドの2	206	選択 将来の計画	短気 計画性の欠如
ワンドの3	208	拡大 成長	遅延 失望
ワンドの4	210	祝福 特別な出来事	今という瞬間の 喜びに立ち返る
ワンドの5	212	競争 対抗	誇張 解決策を見つける
ワンドの6	214	勝利 認知	成功の遅延
ワンドの7	216	防衛 自己主張	過剰な警戒心 敗北感
ワンドの8	218	動き 迅速な行動	減速する 我慢する
ワンドの9	220	粘り強さ 自立心	諦める 遅延
ワンドの10	222	圧倒 重荷	重圧 疲労困憊
ワンドのペイジ	224	衝動 冒険的な雰囲気	信頼性の欠如 性急さ
ワンドのナイト	226	素早い行動 情熱	自己不信 ためらい
ワンドのクイーン	228	創造性 熱望	自分には価値がないと感じる 創造性の阻害
ワンドのキング	230	権力 権威	権力の乱用 いじめ

謝辞　可能性の扉を開いてくれたロビー・エヴァンジェリスタのご厚意に感謝の意を表します。敏腕編集者メグ・イラスコとサリー・マクグロウ、そして、ペンギン・ランダムハウス社のチームにも、お世話になりました。このプロジェクトを見事にまとめ上げ、多くを教えてくれたことにお礼申し上げます。そして、親愛なるタロット使いの魔女の皆さん、あなたたちのおかげで、友情と魔法界の真の意味を知ることができました。どうもありがとう。

著者プロフィール　ステファニー・カポーニ
Stefanie Caponi

タロットリーダー、占星術師、イラストレーター。自己の隠された領域にアクセスする手段としてタロットと占星術を使い、シャドーワーク、ヒーリング、創造性を探求している。20年以上タロット占いを続け、自身初のオリジナルデッキ『The Moon Void Tarot』を制作した後、プロのタロットリーダーとしてビジネスを確立。以降、メディアに寄稿するなど活躍中。著書にベストセラーとなった本書の原本『Guided Tarot』、『Guided AstrologyWorkbook』などがある。

Instagram　@moonvoidtarot
website　moonvoidtarot.com

GUIDED TAROT by STEFANIE CAPONI
Copyright © 2020 by Penguin Random House LLC
All rights reserved including the right of reproduction in whole or in part in any form.
Published in the United States by Zeitgeist, an imprint of Zeitgeist™, a division of Penguin
Random House LLC, New York. penguinrandomhouse.com
Zeitgeist™ is a trademark of Penguin Random House LLC
This edition published by arrangement with Zeitgeist, an imprint of Zeitgeist™, a division of
Penguin Random House LLC through Tuttle-Mori Agency, Inc., Tokyo

日本語版制作スタッフ

翻訳　　　浦谷計子（うらたにかずこ）

翻訳家。占術家・隈本健一氏のもとで西洋占星術を学ぶ。おもに占
星術、自己啓発、心理学関連の書籍・資料・動画の翻訳を手がけ
ている。訳書は『ホロスコープをよむ7つのメソッド』『ソーラーアーク
ハンドブック』（ARI占星学総合研究所）、『モンク思考 自分に集中
する技術』（東洋経済新報社）、『幸せになりたい女性のためのマイン
ドフルネス』（創元社）など多数。

翻訳協力　　株式会社トランネット（www.trannet.co.jp）
イラスト　　星野ちいこ
デザイン　　宮下ヨシヲ（サイフォン・グラフィカ）
校正　　　　有限会社玄冬書林

直観力を磨いて自分の言葉でリーディングする
TAROT GUIDE

2024年12月20日 第1刷発行

著　者　　Stefanie Caponi（ステファニー カポーニ）
発行者　　竹村 響
印刷所　　株式会社光邦
製本所　　株式会社光邦
発行所　　株式会社日本文芸社
　　　　　〒100-0003 東京都千代田区一ツ橋1-1-1 パレスサイドビル8F

Printed in Japan　　112241206-112241206 Ⓝ01（310105）
ISBN978-4-537-22255-5
©NIHONBUNGEISHA 2024
編集担当：河合

乱丁・落丁などの不良品、内容に関するお問い合わせは、
小社ウェブサイトお問い合わせフォームまでお願いいたします。
https://www.nihonbungeisha.co.jp/

法律で認められた場合を除いて、本書からの複写・転載（電子化を含む）
は禁じられています。また、代行業者等の第三者による電子データ化及び
電子書籍化は、いかなる場合も認められていません。